U0793837

职业教育·综合素质培养系列读本

职业礼仪规范

主　编　翁海峰
副主编　覃向涛　黎　瑛　黄晓东
参　编　覃汉华　黎　捷　陈慧心　朱明春
主　审　孙宇健弘

机械工业出版社

本书根据职场对职业人员礼仪的要求进行了编写内容的整体优化，力求使之通俗实用，条理清晰，重点突出。本书共分为九个单元，主要内容包括绪论、职业形象礼仪、交往礼仪、办公礼仪、会议礼仪、交通礼仪、宴请礼仪、求职面试礼仪、涉外礼仪。使用本书有助于实施模块式教学，通过讲授、实训、案例等途径，将知识、技能渗透到教学的各环节活动中。

本书可供中等职业学校各专业礼仪教学使用，也可作为各行业礼仪培训用书，以及广大社会人士提升自身礼仪形象、素养、技能的自学用书。

本书配有电子资源包，包含职业礼仪相关视频，教师可通过注册机械工业出版社教育服务网（http://www.cmpedu.com）进行免费下载。

图书在版编目（CIP）数据

职业礼仪规范 / 翁海峰主编. —北京：机械工业出版社，2009.6（2024.8重印）

（职业教育·综合素质培养系列读本）

ISBN 978-7-111-27055-3

Ⅰ. 职… Ⅱ. 翁… Ⅲ. 礼仪-基本知识-职业教育-教材 Ⅳ. K891.26

中国版本图书馆 CIP 数据核字（2009）第 070675 号

机械工业出版社（北京市百万庄大街 22 号 邮政编码 100037）

策划编辑：徐永杰 责任编辑：聂志磊

封面设计：马精明 责任印制：刘 媛

涿州市般润文化传播有限公司印刷

2024 年 8 月第 1 版·第 23 次印刷

170mm×227mm·16.75 印张·243 千字

标准书号：ISBN 978-7-111-27055-3

定价：38.00 元

凡购本书，如有缺页、倒页、脱页，由本社发行部调换

电话服务

服务咨询热线：010-88379833

读者购书热线：010-88379649

网络服务

机 工 官 网：www.cmpbook.com

机 工 官 博：weibo.com/cmp1952

教育服务网：www.cmpedu.com

金 书 网：www.golden-book.com

封面无防伪标均为盗版

前　言

“职业礼仪规范”是职业院校学生的基础课程之一。根据我国职业院校学生的培养目标及职场对职业人员的要求，职业院校学生应具有以专业为导向的职业礼仪技能，以价值为导向的职业礼仪观念，以结果为导向的职业礼仪思维，以敬业为导向的职业礼仪态度，以成功为导向的职业礼仪心理，这就要求职业院校学生对现代职业礼仪有一个全面、系统的认识。

本书的编写打破了传统教材中“知识本位”的模式，突出“能力本位”的特色。在“重技能、重应用、重能力”理念的指导下，本书的编写体现了知识、技能和态度三位一体的结构，使学生能够轻松学会所必需的基本技能，具备基本职业素质，掌握灵活的应变、应用能力。本书的编写人员长期从事职业院校的礼仪教育工作、企业员工礼仪培训工作，对学生及职场礼仪的现状有比较全面的了解。因此，本书在编写的过程中，尽可能用简洁的图表、生动的案例、直观的图片、通俗的言语阐述职场的礼仪规范与技能。

本书新颖别致，集知识性、趣味性和易操作性于一体，并使用了十种提示框，分别是：

案例导入　提供引人入胜的开头

小 思 考　提出问题让学生思考

模块目标　清晰表述每个模块的教学目的

模块内容　可以了解该模块的脉络

模块小结　一针见血地总结出该模块的学习要点

体验活动 其中有“考考你”、“情境实训”、“社会调查”……

知识链接 提供一些礼仪的知识

提　　示 一些要注意的建议

示　　范 展示礼仪的具体做法

失　　礼 提示哪些做法是不可取的

本书建议安排72学时，具体学时分配如下：

序　号	内　容	学　时	理　论	实　训
1	第一单元 绪论	4	2	2
2	第二单元 职业形象礼仪	12	6	6
3	第三单元 交往礼仪	10	4	6
4	第四单元 办公礼仪	12	4	8
5	第五单元 会议礼仪	8	3	5
6	第六单元 交通礼仪	6	2	4
7	第七单元 宴请礼仪	8	3	5
8	第八单元 求职面试礼仪	6	2	4
9	第九单元 涉外礼仪	6	2	4
10	合　计	72	28	44

本书由南宁市第六职业技术学校翁海峰任主编，由覃向涛、黎瑛、黄晓东任副主编，覃汉华、黎捷、陈慧心、朱明春参编。

本书在编写过程中参考、采纳了许多国内外专家、学者的论著，由全国专业人才教育考评委员会礼仪专家委员、国家高级礼仪培训师、广西礼仪网总经理、国内资深的礼仪培训师、多所高校的客座教授孙宇健弘先生对本书进行审稿，并提出了宝贵的修改意见，在此表示感谢。

由于成书时间仓促，加之编者水平有限，书中难免有不妥之处，恳请专家、读者批评指正。

编　者

目　录

第一单元 绪　论

礼仪，是个人素质、素养的外在体现，更是企业形象的具体化展现。礼仪已经倍受人们的重视，是人际交往的“润滑剂”，更是企业形象的“名片”。

单元提要

- 认识职业礼仪
- 学习职业礼仪

我们人类在拼命地坚守着自己的社会传统——优雅、礼貌、和蔼——这就是我们从祖先那里继承下来的礼仪。在继承传统的同时，我们也在观察和适应当代社会不断变化的品位和风格。

模块一　认识职业礼仪

孔子曰：“不学礼，无以立。”

荀子言：“故人无礼则不生，事无礼则不成，国无礼则不宁。”

有“礼”走遍天下，无“礼”寸步难行。

在经济快速发展的社会中，作为职业人员，不知礼，则必失礼；不守礼，则必被视为无礼。职业人员若缺少相关的从业礼仪知识和能力，必定会经常感到尴尬、困惑、难堪与失落，进而会无缘携手成功。

小覃的口头表达能力不错，对公司产品的介绍也很得体，人既朴实又勤快，在业务人员中学历又最高，所以老总对他抱有很大期望。可小覃做销售代表半年多了，业绩总是上不去，问题出在哪儿呢？原来，他是个不修边幅的人，喜欢留长指甲，而且指甲里面经常藏着很多脏东西，衬衫上的白衣领经常是酱黑色的，有时候手上还记着电话号码，他喜欢吃大饼卷大葱，吃完后也不知道去除异味。在大多情况下，小覃根本没有机会见到想见的客户。

客户反映小覃说话太快，经常没听懂或没听完客户的意见就着急发表看法，风风火火的，好像每天都忙忙碌碌的，少有停下来的时候。

小思考

小覃的业绩为什么总上不去？你能够从礼仪的角度为他找出原因并给他建议吗？

____

____

____

____

模块目标

➢ 了解职业礼仪的含义与原则。

➢ 认识职业礼仪在现代社会中的意义与功能。

➢ 在学习礼仪的功能、原则的基础上，掌握养成文明礼貌习惯的途径。

模块内容

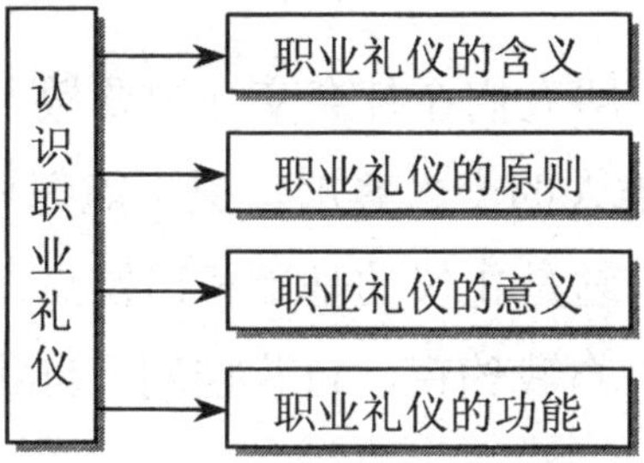

一、职业礼仪的含义

礼仪是指人们在现代社会交往过程中共同遵守的行为规范和准则，是人们在交往过程中自始至终地以约定俗成的方式来表达律己敬人的完整行为，它既可以指为表示敬意而举行的某种仪式，又可以指人们在各类交往过程中的礼貌和礼节。

职业礼仪，是就职业人员而言的，是指各行业的职业人员在因工作需要的人际交往过程中应遵守的交往艺术。职业礼仪是职业人员必须要遵守的自尊敬人的行为规范，是律己敬人的具体化表现和行为技巧，是个人素养和社会观的外在表现，也是企业形象的具体表现。职业礼仪可以有效塑造自己的专业形象，给交往对象以专业、敬业、权威、有礼、有节的良好印象，从而形成独特的竞争优势。

二、职业礼仪的原则

职业礼仪作为社会交往中行为规范的准则，是由人们共同完善、共同认可产生的。在人际交往、商务活动、事务接待与服务工作中，人们

应当自觉学习和遵守职业礼仪，按章办事，任何胡作非为、我行我素的行为都是违背职业礼仪要求的。

职业礼仪应遵循宽容、敬人、自律、遵守、适度、真诚、从俗、平等的原则。

（1）宽容的原则　即人们在交际活动中运用礼仪时，既要严于律己，更要宽以待人。

（2）敬人的原则　即人们在社会交往中要敬人之心常存，处处不可失敬于人，不可伤害他人的个人尊严，更不能侮辱他人的人格。

（3）自律的原则　这是礼仪的基础和出发点。学习、应用礼仪最重要的就是要自我要求、自我约束、自我控制、自我对照、自我反省、自我检点。

（4）遵守的原则　在交际应酬中，每一位参与者都必须自觉、自愿地遵守礼仪，用礼仪去规范自己在交往活动中的言行举止。

（5）适度的原则　应用礼仪时要注意做到把握分寸、认真得体。

（6）真诚的原则　运用礼仪时，务必诚信无欺、言行一致、表里如一。

（7）从俗的原则　由于国情、民族、文化背景的不同，人们必须入乡随俗，必须与绝大多数人的习惯、做法保持一致，切勿目中无人、自以为是。

（8）平等的原则　这是礼仪的核心，即尊重交往对象、以礼相待，对任何交往对象都必须一视同仁，给予同等程度的礼遇。

三、职业礼仪的意义

1．职业礼仪是企业文化的表现形式之一

良好的礼仪行为能够改善和提升企业的形象，提升企业的生命力，有助于提高企业的经济效益，并可以通过表层形象展示企业的价值观、经营理念、目标追求等企业理念，是企业文化的表现形式之一，如图 1-1 所示。

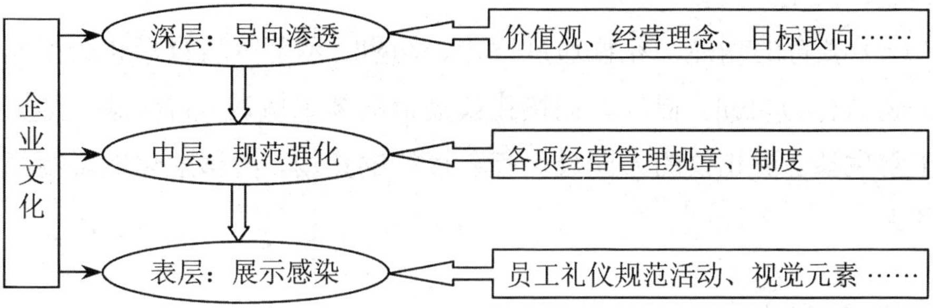

图 1-1　职业礼仪是企业文化的表现形式之一

2．职业礼仪能有效地提升个人素质

对个人而言，遵守职业礼仪能有效地提升个人素质，塑造良好的职业形象，有利于人际沟通与交流。

3．职业礼仪能使工作成为艺术（见图 1-2）

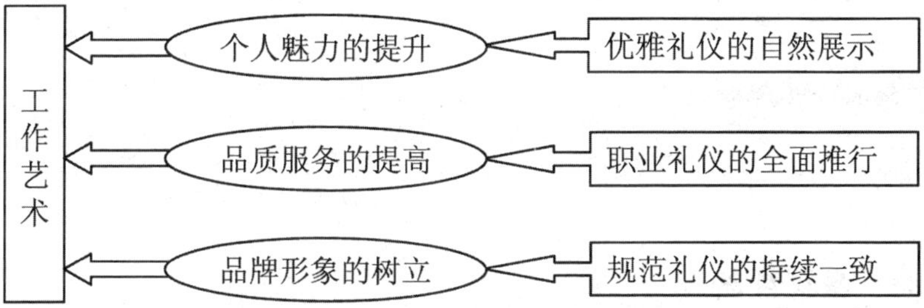

图 1-2　职业礼仪能使工作成为艺术

四、职业礼仪的功能

（1）沟通的功能　在社会交往过程中，只要双方都自觉地遵守礼仪规范，就容易沟通感情，从而使交际往来更加顺利。

（2）协调的功能　在社会交往过程中，只要人们注重礼仪规范，就能够互相尊重、友好合作，从而缓和或避免不必要的冲突和障碍。

（3）维护的功能　礼仪是社会文明发展程度的反映和标志，同时也对社会风气产生广泛、持久和深刻的影响。讲礼仪的人越多，社会便会越和谐、安定。

（4）教育的功能　礼仪通过评价、劝阻、示范等教育形式纠正人们不正确的行为习惯，倡导人们按礼仪规范的要求协调人际关系，维护社会正常生活。讲礼仪的人同时也起着榜样的作用，潜移默化地影响着周围的人。

模块小结

遵守职业礼仪是为了满足市场经济发展对现代职业人员素质和能力的迫切需要，是基于提升职业人员的职业形象，促使其熟练运用人际交往技巧，展示沟通艺术，进而完善职业人员的综合素质，增强工作能力，增进职业竞争能力而言的。职业礼仪来源于市场经济发展的需要，顺应了各行业竞争的趋势，是时代发展的必然产物。

体验活动

活动　案例分析

材料介绍1

在公共汽车上曾经发生了一场乘客与乘务员之间的争吵。乘务员：“往里走，塞在门口干什么？”乘客：“同志，态度好一点！”乘务员：“态度？态度几文一斤？！”乘客：“刚才我不是跟你说了吗，我下一站就下车。”乘务员：“我不也在跟你说吗，你一毛钱想要买什么态度？”

请用职业礼仪的意义进行分析。

材料介绍 2

英国著名的戏剧家、诺贝尔文学奖获得者萧伯纳有一次在苏联访问，他在莫斯科街头散步时见到一个非常可爱的小女孩。萧伯纳和这个小女孩儿玩了很久，在分手时，他对小女孩说：“回去告诉你的妈妈，你今天和伟大的萧伯纳一起玩了。”小女孩儿也学着大人的口气说：“回去告诉你的妈妈，你今天和苏联女孩儿安妮娜一起玩了。”萧伯纳很吃惊，他立刻意识到自己的傲慢，并向小女孩儿道了歉。

请用职业礼仪的原则进行分析。

材料介绍 3

一位纽约的商人在周五住进了曼谷东方饭店，发现该饭店把他安排在了二楼靠近楼梯的房间，因为基于宗教的原因，他不能在周五乘电梯。曼谷东方饭店员工的服务十分到家，连客人的宗教习惯也一清二楚。因此，这位商人成了该饭店的常客。

请用职业礼仪的功能进行分析。

材料介绍 4

苏格拉底曾说：“不要靠馈赠来获得一个朋友，你须贡献你诚挚的爱，学习怎样用正当的方法来赢得一个人的心。”

请用职业礼仪的原则进行分析。

知识拓展

中国礼仪的起源和发展

（1）中国礼仪的起源　从理论上说，礼的产生源于人类为了协调主客观矛盾的需要。从具体的仪式来看，礼产生于原始宗教的祭祀活动。

（2）中国礼仪的发展

1）礼仪的起源时期：夏朝以前（公元前 21 世纪以前）的礼仪简单而虔诚，没有阶级性，其制定了明确血缘关系的婚嫁礼仪，制定了区别部族内部尊卑等级的礼制，制定了为祭天敬神而确定的一些祭典仪式，规定了一些在人们相互交往中表示礼节和表示恭敬的动作。

2）礼仪的形成时期：夏、商、西周三代（公元前 21 世纪至公元前 771 年）的礼仪发展成为礼制，具有阶级性。这时期中国第一次形成了比较完整的国家礼仪与制度，如“五礼”就是一整套涉及社会生活各方面的礼仪规范和行为标准。古代的礼制典籍多撰修于这一时期，如周代的《周礼》、《仪礼》、《礼记》就是我国最早的礼仪学专著。

3）礼仪的变革时期：春秋战国时期（公元前 771 年至公元前 221 年）的礼仪特点是百家争鸣，理论系统、完善，形式规范，代表人物有孔子、孟子、荀子、管仲。孔子对礼仪非常重视，把礼看成是治国、安邦、平定天下的基础；孟子把礼解释为对尊长和宾客严肃而有礼貌；荀子把礼作为人生哲学思想的核心，把礼看作是做人的根本目的和最高理想；管仲把礼看作是人生的指导思想和维持国家的第一支柱，认为礼关系到国家的生死存亡。

4）礼仪的强化时期：秦、汉到清末（公元前 221 年至公元 1911 年）的礼仪已经成为区分等级的工具，在仪式和礼节上进一步完善，理论上更加系统。

5）现代礼仪时期：现代礼仪已进入全新的发展时期，逐步向平等、友好的方向发展。

模块二　学习职业礼仪

职业礼仪是职业人员的基础技能，是每一位职业人员工作的必备技能之一。学习职业礼仪能切实提高职业人员的内在美和外在美，提高礼仪文化的修养，提高职业人员的交往、沟通、组织、协调等职业能力；学习职业礼仪使职业人员既具有一定的礼仪理论知识，又具有较强的人际交往技巧和能力，可以使职业人员胜任各行业对人员素质的要求，同时可以塑造良好的个人职业形象；学习职业礼仪可以内强素质、外塑形象，可以增强工作能力和职业竞争能力，使职业人员成为能直接胜任企事业单位管理和服务的综合型人才，并使职业人员获得成功的从业感受和愉快的生活体验，实现个人和所在组织的双赢，进而促进社会文明的发展。那么，我们该如何学习职业礼仪呢？

一家集团公司将和某著名企业进行某一项目的合作。一切准备就绪后，某企业派来了全权代表，他们既是远道的客人，又是将来的合作者，礼遇可想而知。在欢迎晚宴上，集团公司特别安排了东北名菜“猪肉炖粉条”和朝鲜族的特色菜“狗肉”来招待几位远道的客人。

晚宴的气氛和谐而热烈，但在压轴菜“猪肉炖粉条”和“狗肉”上来后，客人们的脸色一下子变了，然后气愤地甩袖而去。

两天后，某企业发来一份声明，郑重地说，当晚的招待违反了他们的宗教信仰。

就这样，这项合作彻底泡汤了。

小思考

通过这个案例，我们明白了学习礼仪的重要性，那么，你认为我们应如何学习礼仪呢？

模块目标

➢ 掌握学习职业礼仪的方法。

模块内容

学习职业礼仪
- 起点——学会尊重他人
- 前提——掌握职业礼仪的原则
- 基础——提高自己的自尊心
- 关键——形成良好的行为习惯
- 重点——强化礼仪的实践训练

一、起点——学会尊重他人

礼仪本身就是尊重他人的外在表现形式，只有从内心尊重他人，才会有得体的礼仪言行，尊重他人的态度是人与人接触的必要和首要态度。“刘备三顾茅庐”的故事说明只有尊重别人，才能受到别人的尊重和信赖，在事业上才能获得成功。周恩来同志一生鞠躬尽瘁，为了党和人民的事业贡献了毕生精力，他每次外出视察工作，离开当地时总是亲自和服务员、厨师、警卫员和医护人员等一一握手道谢。周总理是尊重他人的典范，是我们学习的榜样。

二、前提——掌握职业礼仪的原则

要让大家都有一个轻松、和谐的环境，每个人就必须把自己不符合社会环境需要的随意性，用同一尺度、同一标准来进行约束和规范，这个尺度、标准就是职业礼仪的原则。

三、基础——提高自己的自尊心

自尊，即自我尊重，是希望被别人尊重、不向别人卑躬屈节，也不容别人侮辱、歧视的一种心理状态，是人的自我意识的表现，并以特定的方式指导人的行动，是一种积极的行为动机。正确的自尊心应具有待人谦逊、不骄不躁的品格。尊重他人，自己也能得到他人的尊重，自尊心在提高的同时，其内心的道德要求也在提高。所以，要培养高尚的人格，养成自尊、自爱、自律的良好品德显得尤为重要。礼仪教育可以作为动力和导向，在个体发展上发挥重要作用。

四、关键——形成良好的行为习惯

在日常生活、工作中，要刻意培养良好的行为习惯，注意自我检查，自我监督，坚持按礼仪规范行事，并不断学习且善于向他人学习，不断提高自己的礼仪水平，这样最终可以使你成为一位优秀的职业人员。

五、重点——强化礼仪的实践训练

一个人的礼仪只能在言行中反映出来，不说不动就不能说明某个人有没有礼仪，每个人都要在理解礼仪要求的基础上，敢于在日常的言行、平时的待人接物中展现自己文明有礼的形象。有些人平时也知道要讲文明、懂礼貌，但在公共场合或陌生环境中，其规范就无法发挥，这是他们缺乏自信的表现。要树立信心，懂得应用得体的礼仪言行是自我良好形象的塑造过程，要敢于展示一个有礼、自信、文明的自我，并且充分利用各种场合、机会去表现这一点。

模块小结

要学好礼仪必须自觉提高自身修养，提高自己的内在素质，主动接受礼仪教育，掌握职业礼仪的原则，形成良好的行为习惯，并积极参与

社会实践，强化礼仪的实践训练。

体验活动

活动　课后讨论

在现实生活中，我们碰到过不遵守礼仪的例子有哪些？不遵守礼仪有什么危害？我们应该如何遵守礼仪？

第二单元 职业形象礼仪

形象包括仪容、仪表、仪态、举止以及通过这些外在状态表现出来的个人气质、修养和风度。作为一个社会人，个人的仪表、仪态、举止不只代表个人形象，同时也是团体、社会、国家形象的组成部分。

单元提要

- 仪容礼仪
- 美容化妆礼仪
- 服饰礼仪
- 体态礼仪
- 语言谈吐礼仪

注重自己的形象，给人以良好的印象是践行礼仪的第一步！

模块一　仪 容 礼 仪

仪容即容貌，包括头发、脸庞、五官、手等，是被人第一眼看见的自身面貌。一个人即使天生丽质，如果某个时刻手指肮脏、体味难闻、装束怪异，也一定会使人大跌眼镜、弃而远之。在人们的日常生活中，无论经济条件好与坏，讲卫生、爱整洁都是自尊的表现，干净、整洁就是美的体现。

小雨是企业管理咨询专家，她有很好的学历背景，常能为客户提供很好的建议，在公司里的表现也一直很出色。但当她到客户的公司提供服务时，对方主管却总不太注重她的建议，她所能发挥才能的机会也就受到限制。一位形象设计师发现这位咨询专家在着装方面有明显的缺憾：她 28 岁，身高 151cm，体重 44kg，看起来机敏、可爱，喜爱着少女装，像个小女孩，其外表与她所从事的工作相距甚远，所以客户对于她所提出的建议缺少安全感、依赖感，这使她难以实现她的创意。

小思考

如果你是这位形象设计师，你会给这位企业管理咨询专家什么建议？

____

____

____

____

模块目标

➢ 了解个人清洁卫生中的礼仪规范，养成良好习惯。

模块内容

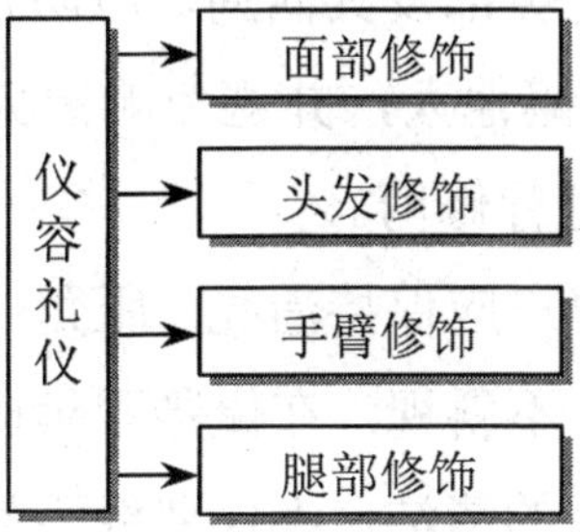

一、面部修饰

清洁——仪容干净、整洁就是美。修饰面部最重要的是应该做到面部的清洁。

（1）面容　洁净、清爽的脸庞会使人看起来亲切、可爱、精神十足。

（2）毛发　男士每日剃须修面是应该养成的好习惯，也应经常检查鼻毛，使之不要外露；女士不但要经常检查面部，还要检查四肢或腋下不雅的毛发，及时予以去除。男士假如没有特殊的宗教信仰或民族习惯，最好坚持每一天剃须一次。女士若是唇上长有过于浓密的汗毛，也应将其除去。

（3）口部

1）护唇：不允许嘴唇上残留任何异物，并且要防止其暴皮、开裂或者生疮。

2）刷牙：牙齿是口腔的门面，开怀大笑时，露出发黄或发黑的牙齿会使人的笑容大打折扣，牙齿上不要留有牙垢，最好做到每天刷 3 次牙，每次刷牙在餐后 3min 内进行，每次刷牙时间不应少于 3min。为了保持口腔卫生，还应争取每半年洗牙一次。

3）禁食：保持口气清新很重要，有些食物，如葱、蒜、韭菜、虾酱、腐乳以及烈酒等，平时要有意识地少食用，参与重要的应酬前更应

禁食此类食物。

（4）鼻部　鼻部是面部上最立体的部位。修饰鼻部时，既要讲究卫生，又要重视其保养。在鼻部及其四周，应防止暴皮、生疮或长出“黑头”。清理鼻垢时，宜回避他人，并避免响声大作。此外，应对鼻毛定期修剪，但是不宜当众进行修剪。

（5）眼睛　心灵的窗户应保持清亮。眼角一定要洗干净，使眼睛无眼屎、无睡意、不充血、不斜视。在佩戴眼镜时，除了要考虑实用、美观之外，还必须保持眼镜的清洁。不仅要经常擦拭镜片，还必须定期清洗镜架，朦胧的眼镜会使人有尚未清醒、神思恍惚的感觉。在较为正式的场合，不戴墨镜或有色眼镜，女性不画眼影，不用人造睫毛。

（6）耳朵　耳朵在镜子里出现的次数总是少于其他面部器官，所以保持干净、不藏污纳垢就显得格外重要。

二、头发修饰

头发是构成仪容的重要内容。

发型的选择可以根据自己的脸形进行，此外，还需考虑到自己的职业、年龄以及性格。潮流未必是最美的，因为它不一定适合你，清爽、自然、适合自己的发型才能为你增色。发型不仅反映着自己的个人修养与艺术品位，而且还是自己个人形象的核心组成部分之一。

1. 头发的清洁

头发必须经常保持健康、秀美、干净、清爽、卫生、整齐的状态。

2. 发型的选择

职业人员在为自己选定发型时，除了受到个人品位和流行时尚的左右之外，还必须对性别、年龄、发质、脸形、身材、职业、与服饰协调等因素重点加以考虑。

（1）需要考虑性别　在日常生活中，发型一向被作为区分男女性

别的重要 “分水岭”之一。近几年来，虽然发型的选择逐渐呈现出日益多元化的倾向，明星人物和新潮青年们在选择自己的发型时“敢为天下先”，但是素来以恪守传统而著称的职业人员依旧不为所动、不去效仿。以发型区分男女，在职场依旧应当是一种人人必须遵守的惯例。

（2）需要考虑年龄　职业人员在为自己选择发型时必须正视自己的年龄，切勿以不变应万变，从而使自己的发型与自己的年龄相去甚远、彼此抵触。

（3）需要考虑发质　选择发型之前，必须要了解自己的发质，发质的不同，对发型的选择也有互不相同的要求。

（4）需要考虑脸形　头发生在头顶，下垂到脸旁，因而发型与脸形相辅相成。选择恰当的发型，既为脸形扬长避短，更可以体现发型与脸形的和谐之美。

（5）需要考虑身材　身材有高、矮、胖、瘦之别，身材不同的人在选择发型时往往会有许多不同的考虑。

（6）需要考虑职业　企业对自己的全体从业人员的基本要求是庄重和保守。这一基本要求，在职业人员对自己设计发型时也须得以贯彻落实。时下流行的一些新潮发型，如“崩克式”、“烫字式”、“梦幻式”、“爆炸式”、“多穗式”、“迷乱式”、“仿蛇式”等，确实是华丽美艳、出奇制胜，对于他人都有着强劲的吸引力，然而它们绝对不适合职业人员。

提　示

①工作场合不允许在头发上滥加饰物。

②忌在工作岗位上佩戴彩色、艳色或带有卡通、动物、花卉图案的发饰。

③有必要使用发卡、发绳、发带或发箍时，应使之朴实无华。

④若非与制服配套，在工作岗位上是不允许戴帽子的。

⑤一般情况下，不宜使用彩色发胶、发膏。

（7）需要考虑与服饰

协调

1）与礼服相配：女士在比较庄重的场合穿礼服时，可将头发挽在颈后，这样显得端庄、高雅。

> **提　示**
>
> **体　味**
>
> 人体皮肤上大约有330多万个汗腺，平均每平方厘米有9万多个。因此，每个人都有自己或浓或淡的体味。如果体味过于明显，勤洗澡或使用祛除体味的物品是非常必要的。

2）与西装相配：因西装给人以端庄、整洁的感觉，所以发型也要梳得端庄、大方，不要过于蓬松。

3）与连衣裙相配：如果穿“V”字领连衣裙，可将头发盘起；如果穿外露较多的连衣裙，可选择披肩发或束发。

三、手臂修饰

手臂在人际交往过程中是动作最多的部位，是接触其他人、其他物最多的部位，因此出于清洁、卫生的考虑，应当勤于洗手。

另外，手指甲应当定期修剪。如果在指甲周围产生死皮，应立即将其修剪掉，不要用手去撕或用牙咬。若手上长癣、生疮，应避免与他人接触，否则会令他人产生不快或反感。

因个人生理条件的不同，手臂上的汗毛长得过浓、过长会有碍美观，最好采取适当的方法进行脱毛。暴露腋毛是很不雅观的，应有意识地不穿暴露腋毛的服饰。女士在社交活动中穿着使腋窝外露的服装时，必须先剃去腋毛，以免有损整体形象。

四、腿部修饰

保持腿部卫生的要点有勤洗脚、勤换袜、勤换鞋。

在社交和公务场合，男士不得穿短裤，不得挽起长裤的裤管。女士在穿裙装和薄型丝袜时，应先将腿毛剃掉。

模块小结

进行仪容的自我修饰时，务必符合常规的审美标准，即讲究修饰美、重视自然美、强调内在美。

体验活动

活动　我思我悟

查一查自己的仪容有哪些方面不够规范？

检查部位	洁净程度	健康程度	检查达标度	改进措施
脸容				
毛发				
唇部				
牙齿				
鼻部				
耳朵				
眼睛				
头发				
发型				
手臂				
腿部				
其他				

模块二 美容化妆礼仪

化妆是生活中的一门艺术，适度而得体的化妆可以体现女性端庄、美丽、温柔、大方的独特气质。女性在政务、商务和社交生活中使用化妆品及艺术描绘手法来装扮自己，可以达到振奋精神和尊重他人的目的。

小洁从职业学校毕业后，来到一家律师事务所从事前台接待工作，单位要求女职员上班都要化淡妆，这下她可犯愁了。她化的妆容总是胭脂太厚，口红配得令人不满意，有时误涂眼线，眉毛画错地方或画得太重……

小思考

你能教小洁正确的化妆技巧吗？

____

____

____

____

模块目标

- 掌握化妆的基本原则和化妆的技巧。
- 塑造一个典雅、干练、稳重的职业形象，增添自己外形上的自信。

模块内容

美容化妆礼仪
- → 化妆的基本原则
- → 化妆的技巧

一、化妆的基本原则

1）化妆要视时间、场合而定：在工作时间、工作场合以自然、大方的淡妆为宜，浓妆只有在晚上才可以用。外出旅游或参加运动时不要化浓妆，否则在自然光下会显得很不自然。

2）不要非议他人的化妆：由于文化、肤色等差异，以及个人审美观的不同，每个人化的妆不可能是一样的，切不可对他人的化妆品头论足。

3）扬长避短：化妆一方面要突出脸部最美的部分，使其显得更加美丽动人；另一方面要掩盖或矫正缺陷或不足的部分。

4）自然真实：化妆要自然协调，不留痕迹。

5）整体配合：化妆必须要注意与发型、服装和饰物相配合，力求取得完善的整体效果。

失 礼

以下几点是失礼的行为：

① 参加商务活动而不化妆。

② 当着他人或在饭桌、商谈场所公开补妆。

③ 妆面深浅不一、残缺不堪。

④ 借用他人的化妆品。

⑤ 吊唁、丧礼场合化浓妆，抹颜色鲜艳的口红。

二、化妆的技巧

1. 面部的清洁

清洁面部可以去除因新陈代谢而产生的老化物质和卸妆后的残留物，同时也可以清洁肌肤。

2. 面部营养的补充

通过卸妆及洗脸去除污垢后，应补充随污垢一起流失的水分、油脂、角质层内的 NMF（天然保湿因子）等物质，使肌肤回复原来的状态，化妆水和乳液可以起到这样的功效。

3. 化妆的步骤

（1）打粉底（见图 2-1） 长期待在空调房里，照明也是冷调的光源，因此底妆要选择有保湿效果的粉底，色彩要选择适合冷光的暖色调。健

康肤色和小麦色是较好体现生机的粉底色，偏白的象牙色、贵族白最好在提高亮色时使用。

图 2-1　打粉底

【注意】粉底液的推开方向一定要向外，用海绵或指腹都可以，以少量多次的方式来打粉底才不会化成像戴面具一样的假面美女。

（2）扑定妆粉（见图 2-2）　定妆能延长妆容的时间，使脸部不泛油光，更有自信。粉饼或蜜粉都是常用的定妆粉，依照自己的喜爱作选择就可以了，注意颜色不要太白，以免与颈部产生色差。

图 2-2　扑定妆粉

【注意】擦粉饼时，海绵只需用 1/2 的面积涂抹，顺着同一方向涂抹才不会混浊。擦蜜粉时，可用粉扑或刷具，最好上完蜜粉再用粉刷把多余粉末扫掉，这样才会定妆更久。

（3）描绘眉型（见图 2-3）　自然感是职业女性描绘眉型所追求的效果。眉毛如果太刚硬或颜色太深会给人刻板、不易亲近的印象。眉毛的颜色最好选择比发色稍微浅一点的颜色，描绘眉型时先修剪出眉型再画眉毛，这样操作会很顺手。

图 2-3　描绘眉型

【注意】眉毛浓密的人可以用眉粉改变眉毛的颜色，眉毛稀疏的人先拿笔芯勾勒出眉型再描绘，描绘完眉型后一定要用眉刷顺着眉头至眉尾的方向刷拭几遍，使色泽均匀。

（4）画眼影（见图 2-4）　刚劲有力的眼线可以提升眼神的力度，还可以强调妆容的职业感。用黑色眼线笔从内眼角开始向外眼角延着眼睫毛根部轻轻地描画出清晰的眼线，使用最容易展现出色泽感的珠光银

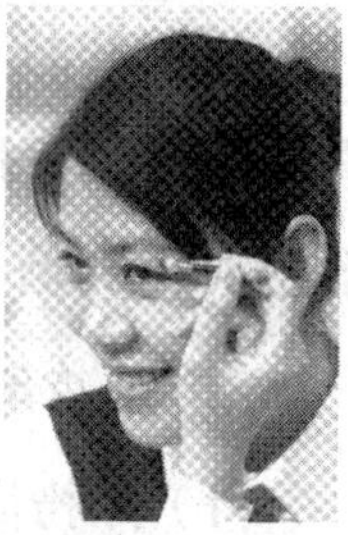

图 2-4　画眼影

色眼影进行晕染，用中号眼影刷刷上下眼睑，由深至浅逐步晕染整个眼眶，清晰的眼线、清爽的色彩突显了东方情调和干练的职业形象。

【注意】用棉花棒把深色眼影尾端往上微提，做出假眼线的效果，若要让眼部更分明亮丽，在眉骨与眼头上刷一点珠光色即可。

（5）涂睫毛膏（见图 2-5） 黑色的睫毛使眼影的色泽更加突显。刷睫毛时，上下睫毛一定都要刷拭，觉得程度不够可再重复上 2～3 层睫毛膏，增强纤维附着密度。精致上扬的睫毛使眼睛看上去更大、更明亮有神。

图 2-5 涂睫毛膏

【注意】刷睫毛膏时，眼下刷上一点蜜粉就不会玷污干净的底妆了，刷完睫毛膏再扫掉蜜粉。夹睫毛可以让睫毛更加卷翘，分段施力让睫毛呈弧形（非直角），上扬的睫毛才会自然。

（6）刷腮红（见图 2-6） 职业妆腮红的色调不能重于唇彩，柔和的色彩可以使整个妆容更加亮丽。最具有人气的腮红以粉红为主，杏色或棕色可以让人突显高雅的形象。刷腮红应在面部笑肌的位置向上延伸刷拭，刷拭前弹掉多余粉末会使妆容比较自然。

图 2-6 刷腮红

【注意】霜状腮红具有较强的透明感，用手指指腹在面部笑肌的位置轻点少许腮红，柔和地晕染开就能简单上色，也可以先照镜子点出范围再整个抹开，这样会显得非常自然。粉红透明质感的腮红是搭配职业妆的最佳选择。

图 2-7 涂口红

（7）涂口红（见图 2-7） “基础唇部护理+温润唇色”是好人缘形象的秘诀。采用透明感的唇彩时，可以不用勾勒唇线，

选择接近或比自己唇色略深的色泽，轻而薄地涂于唇上即可。

【注意】每次补上唇妆前，先抿掉唇上的余色，重新以护唇膏涂抹一遍再补色，这样既强调出口红的显色度，也保护滋养了双唇，使之不干涩。

（8）检查妆容（见图 2-8） 完成上述几个步骤后，要检查妆容，妆容应不露痕迹，并显得典雅大方。

【注意】成熟风格的妆容是大方得体的，看上去非常自信的。甜美风格的妆容，水润的唇妆是其重点。简洁风格的妆容要具有干净的眼妆，显得很清新、自然。自信风格的妆容要具有非常抢眼的唇妆。优雅风格的妆容要使肤色与妆容都很完美。清新风格的妆容，甜甜的微笑和腮红的运用是其关键。时尚风格的妆容是看似平淡的妆容，实际经过非常细心的雕琢，显得很摩登。

图 2-8 检查妆容

模块小结

化妆是一种艺术性、技巧性很强的系统工程。化妆是有意识、有步骤地来为自己美容。有一位哲人曾经说：“化妆是使人放弃自卑的、与憔悴无缘的一味最好的良药。它可以让人们表现得更加自爱、更加光彩夺目。”

体验活动

活动 情境实训

请按照化妆的步骤进行化妆练习，并尝试运用多种色系。

模块三　服 饰 礼 仪

服饰，体现着一种社会文化，体现着一个人的文化修养和审美情趣，是一个人身份、气质、内在情感及其对生活态度的无言介绍信。得体的服饰穿戴对于美化人的仪表、改善人的形象有着极其重要的作用。服饰所能传达的情感与意蕴是用语言所不能替代的。

小军领到第一份薪水后，兴高采烈地为自己买了一套价格不菲的西服。星期一早上，小军高兴地穿着西服来到办公室，满以为可以得到同事们的赞赏，没想到大家看到他后都在窃窃地笑。原来，小军西服袖子上的商标没有拆除，西服左侧的口袋还插了一支钢笔，并且小军脚上穿了一双白袜子，皮带上别着手机和钥匙……

看来，小军需要好好学习一下服饰礼仪了。

小思考

你能告诉小军如何着装才是正确的吗？

____

____

____

____

模块目标

➢ 掌握服饰 TPO 原则及着装技巧。

➢ 让学生能在生活、学习、工作中，针对不同场合、不同对象正确运用所学的服饰知识，塑造优雅、得体的仪表。

模块内容

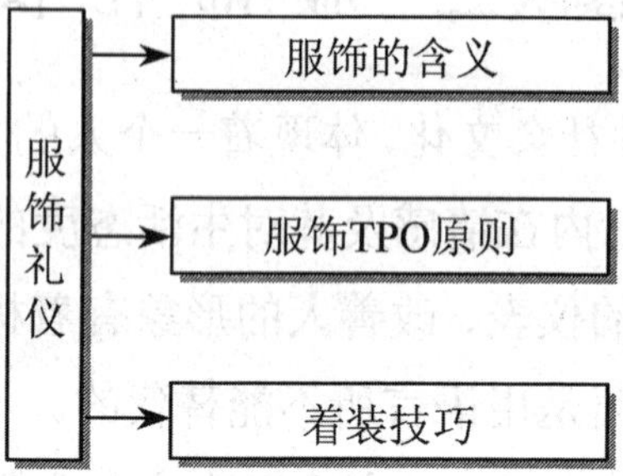

一、服饰的含义

服饰是衣着穿戴（包括服装饰品）的总称。服饰是一种文化、一种文明，同时也是一种审美符号和情感符号，是一系列符号的集合。

1．服饰是一种历史符号

每一个历史时代的人们总会有同一时代的共同特征。

2．服饰是一种社会符号

社会风尚决定了服饰的样式，而服饰又是社会风尚在每一个人身上的直接体现，服饰像晴雨表和风向标率先展现了时代的思想和动向。

3．服饰是一种审美符号

英国前首相撒切尔夫人曾说："衣着美丽、整齐，使人看了有赏心悦目之感……一个人的服装常可以衬托出这个人的气质。"

4．服饰是一种情感符号

服饰是一种无声的语言，它能传递出行为主体的情感信息。人们总是能从一个人的穿着打扮上大致读出他的情感倾向。

5．服饰是一种个性符号

服饰具有越来越强烈的个性特点。一个人所穿的服饰往往能够传递

出他的性格、爱好和心理状态等多方面的信息。

二、服饰 TPO 原则

TPO 是英文 Time、Place、Object 三个词首字母的缩写。T 代表时间、季节、时令、时代；P 代表地点、场合、职位；O 代表目的、对象。服饰 TPO 原则是世界通行的着装打扮的最基本原则，它要求人们的服饰应力求和谐，以和谐为美。着装要与时间、季节相吻合，符合时令；着装要与所处的场合、环境，与不同国家、区域、民族的不同习俗相吻合；着装要符合着装人的身份，要根据不同的交往目的、交往对象选择服饰，要给人留下良好的印象。根据服饰 TPO 原则，着装时应注意以下几个问题。

1. 符合身份

要为自己正确地进行自我定位，我们一般强调男女之别、长幼之别、职业之别、身份之别、民族之别。着装时，一定要谨记上述五个有所区别的特征。

2. 扬长避短

选择服装是因人而异的，重点在于展示所长、遮掩所短，显现独特的个性魅力和最佳风貌。现代人的服饰呈现出越来越强的表现个性的趋势。

3. 区分场合（见表 2-1）

表 2-1 区分场合

着装场合	适用时间	适用场合	基本要求
办公场合	上班时间	办公、会议、商谈	庄重、保守
社交场合	工作之余的交往应酬时间	宴会、舞会、音乐会、聚会、串门	时尚、个性
休闲场合	工作之余的个人活动时间	在家睡觉、健身运动、观光游览、逛街购物	舒适、自然

4. 保持整洁

在任何情况下，服饰都应该是整洁的。衣服不能沾有污渍，不能有绽线的地方，更不能有破洞的地方，扣子等配件应齐全，衣领和袖口处尤其要注意整洁。

5. 遵守常规

自觉遵守有关着装约定俗成的规矩。

恰当、得体的着装不但能反映出个人的审美趣味和品位，同时能体现出个人的文化修养，它会直接影响他人对你的主观判断和第一印象。

三、着装技巧

1. 礼服常识（见表 2-2）

表 2-2　礼服常识

礼服类型	适合场合	男士	女士
超正式礼服	适合用于非常正式的场合	燕尾服	正式晚礼服——礼服裙长垂至地板
正式礼服	适合用于正式场合，如盛装晚会或宴会	无尾晚礼服	正式晚礼服——礼服裙长垂至地板，或长度稍短，但样式考究的小礼服
随意正式礼服	适合用于正式场合	无尾晚礼服或深色西装	正式晚礼服——礼服裙长垂至地板，或长度稍短，但样式考究的小礼服，或考究的西服
创意正式礼服	适合用于正式场合	摩登礼服，或以无尾晚礼服为基础，做出个性化的时尚搭配	正式晚礼服，考究、有个性的时尚搭配
半正式礼服	适合用于半正式场合，如鸡尾酒会	深色西装	小礼服或考究的西装套装

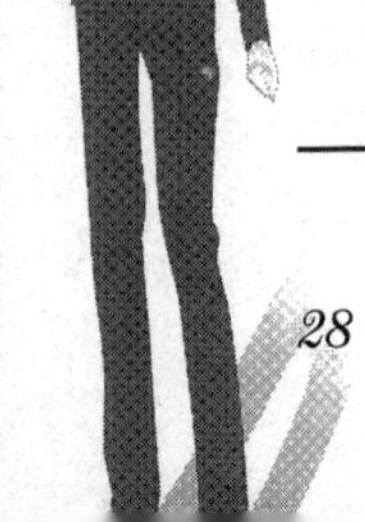

2. 西装

（1）西装的款式（见表 2-3）

表 2-3　西装的款式

西装款式划分标准	西装的种类
按西装的件数来划分	套装西装、单件西装
按西装的纽扣来划分	单排扣西装、双排扣西装
按西装适用的场合来划分	正装西装、休闲西装

（2）西装的穿着礼仪与技巧　西装的穿着必须要合身、合时、合礼、合俗、合规，如图 2-9 所示。

图 2-9　西装的穿着

1）西服：西服必须烫挺烫直，正式场合需要着套装，套装须搭配衬衫和领带，穿着西服要遵循三色原则（即全身颜色不超过三种）。

2）西裤：因西装讲究线条美，所以西裤必须要有中折线。西裤长度以前面能盖住脚背，后边能遮住 1cm 以上的鞋帮为宜。穿着时，不能随意将西裤的裤管挽起来。西裤的质料应与西装的质料相同，忌混搭风格。

3）衬衫：衬衫的图案以无图案为最佳。色彩必须为单一色彩，以白色为宜，领型以方领为宜。正装衬衫应为长袖衬衫。衬衫的第一粒纽扣，穿西装系领带时一定要系好；不系领带时，衬衫的第一颗纽扣应松开。衬衫的下摆不可过长，下摆应塞到裤子里。衬衫的袖口应露出西装外约 1～2cm；衬衫的衣领应高出西装的衣领 0.5～1cm。这样既美观，又可以起到保护西装的作用。

提　示

①穿着西装时要慎穿毛衫，西装与衬衫之间不适合穿毛衣或毛背心。

②西装与白色的运动袜子绝不能相配。

③不穿西装外套，只穿衬衫打领带的做法仅限室内可以，而且正式场合不允许。

④在皮带上悬挂手机、钥匙……影响皮带的装饰性，既不简洁也不干练。

4）袖子：西服的袖子长度，以手臂下垂，袖子下端离拇指 10cm，稍比衬衫袖子短为宜。袖口的商标应剪下来，穿着时不能将袖口挽起。

5）领带：穿套装必须系领带。领带应外形美观、平整、无挑丝、无疵点、无线头、衬里毛料不变形、悬垂挺括。领带的质地一般以真丝、纯毛为宜。领带的颜色应选用与自己西服颜色相称的、光泽柔和、典雅朴素的为宜，同一条领带上颜色最好少于三种，主要以单色或几何形状图案为主。斜纹的图案表示果断权威、稳重理性，适合在谈判、主持会议、演讲的场合；圆点、方格的图案表示中规中矩、按部就班，适合初次见面和见长辈上司时用；不规则的图案表示活泼、有个性、创意和朝气，适合酒会、宴会和约会时用。

打领带的基本要求是挺括、端正，标准长度是下端的箭头正好抵达皮带扣的上端。

领带夹是已婚人士的标志，应夹在领结下 3/5 的长度处。

6）纽扣：站立时，西装上衣的纽扣应当系上，在内穿背心或毛衣，外穿单排扣西装上衣时除外。就座后，西装上衣的纽扣则要解开，以防西装走样。

通常，单排两粒扣的西装只系上边的那粒纽扣；单排三粒扣的西装只系中间的那粒纽扣，或系上边的两粒纽扣；双排扣的西装则要全部系上纽扣。

西装背心只能与单排扣西装上衣配套。西装背心有六粒扣与五粒扣之分。六粒扣的西装背心最底下的那粒纽扣可以不系，而五粒扣的西装背心则要全部都系上纽扣。双排扣式的西装背心也要全部系上纽扣。

系扣和解扣的顺序也有要求，单排三粒扣的西装应该先系上中间的扣子，再系上上边第一粒扣子；解扣的顺序则相反，即先解上边第一粒扣子，然后再解开中间的扣子。

7）皮带：穿西裤时要系上皮带，皮带要选择质量好的，颜色要与衣服相配。通常，藏蓝色、灰色或黑色的西裤适合配黑色皮带；米色或棕色的西裤适合配棕色的皮带。皮带扣的颜色可以是金色或银色的。

皮带紧好后，皮带的尾端应介于第一和第二裤绊之间，皮带宽窄应该保持在 3cm 左右，皮带头与拉链应成一条直线。

8）口袋：西装的上衣口袋只作装饰之用，不可以用来装任何东西，但必要时可用来装折好花式的手帕。西装左胸内侧的衣袋，可以装票夹、钱夹、小日记本或笔。西装右胸内侧的衣袋，可以装名片、香烟、打火机等。裤兜与上衣口袋一样，不能装物，以使裤型美观，西裤的后兜可以装手帕、零用钱等。

9）袜子：穿西服套装时，一定要穿与西裤、皮鞋颜色相同或较深颜色的袜子，一般为黑色、深蓝色或藏青色。穿西装时，所配的袜子也以深色、单色为宜，最好是黑色。袜子的长度不得低于踝骨。

10）鞋子：男士至少应该有两双质量较好的皮鞋，皮鞋的颜色要与皮带一致。正式的场合最好穿系带的皮鞋，皮鞋的鞋跟和鞋底不能是橡胶质地的，最好是皮质地的或木质地的鞋跟及鞋底。

（3）西服颜色的选择（见图 2-10） 剪裁得体的西服套装可以选择黑色、中灰色、暗蓝色、墨绿色、咖啡色等，其中黑色、中灰色、暗蓝色是经典的职场老三色。在不同场合，选择正确的颜色并进行合理的颜色搭配，可以帮助我们事半功倍。

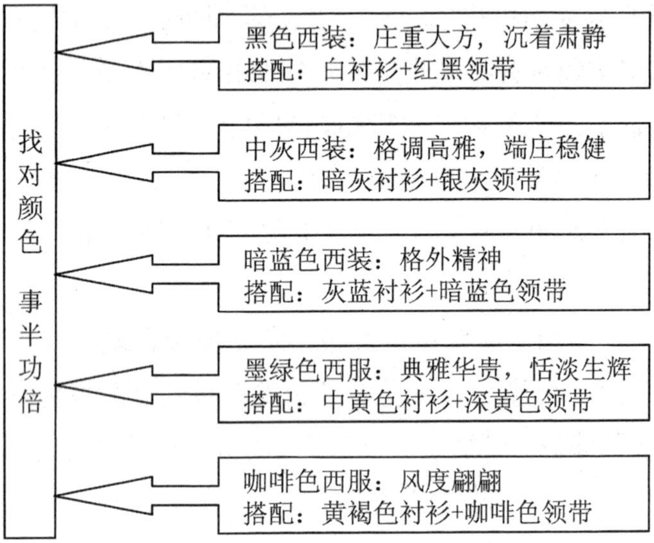

图 2-10 西服颜色的选择

3. 女士职业着装

作为职业女性，其着装既要体现魅力风采，又要保持职业风范。女士的商务着装可以不像男士那样受颜色的限制，但款式还是要选择简洁、大方的。在比较庄重的正式商务场合中，建议女士穿着深色的西服套装。套装的首选是裙装（见图 2-11a），其次是裤装（见图 2-11b）。另一种女士套装是无袖连衣裙加外套。

（1）套裙的穿法

1）搭配适当：上衣不宜过长或过短，裙子的下摆恰好抵达着装者小腿肚上最丰满处，坐下时直筒裙会自然向上缩短，如果这时裙子离后膝盖的长度超过 10cm，就表示这条裙子过短或过窄。搭配的衬衣面料应轻薄、柔软，颜色应雅致端庄且无图案，款式以保守些为宜。在正式的商务场合中，无论什么季节，正式的商务套装都必须是长袖的。上衣袖长以恰恰盖住着装者的手腕为宜。内衣、衬裙不外露、不外透，其颜色一致且外深内浅。

a）　　b）

图 2-11　女士职业着装

a）女士职业裙装　b）女士职业裤装

2）穿着到位：不允许将上衣披在身上或者搭在身上，更不允许当着别人的面随便将上衣脱下。

3）系好纽扣：上衣的纽扣必须一律全部系上，最上端的一粒纽扣除外。

4）考虑场合：正式的场合，以穿着套裙为宜。

5）协调妆饰：化淡妆恰到好处即可；佩饰以少为宜，并且佩饰需合乎身份。

（2）两件式套装的穿法　两件式套装即无袖连衣裙加外套，这样的穿法能够凸显职业女性的端庄、大方，符合商务场合的着装要求。如果下班后要去参加社交活动，可以把外套脱下来，配上相应的配饰，以这样的姿态出现在宴会中可以恰当地展示女性的时尚与魅力。

（3）鞋子　鞋子可以选择中高跟的，船鞋最适合搭配女士的职业套装。露出脚趾和脚后跟的凉鞋不适合商务场合，没有后帮的鞋子也只能在非商务场合穿着。

任何有亮片或水晶装饰的鞋子都不适合于商务场合，这类鞋子只适合正式或半正式的社交场合。

夏天，后帮为带状的露跟鞋子很受职业女士欢迎，但对职业服装要求比较严格的公司并不把这种款式的鞋子列入公司的着装要求中。

失　礼

以下几点是失礼的行为：

①穿黑色皮裙。

②在正规场合穿迷你裙、吊带衫（裙）、露胸或露背装、七分裤、长筒皮靴等。

③在正式场合光腿。

④穿着脏袜子或有破洞的袜子。

⑤鞋袜不配套。

⑥裙子和袜子之间露出腿。

⑦服饰过于鲜艳、透视、短小、紧身。

鞋子的颜色最好与手提包一致，并且要与衣服的颜色相协调。

（4）袜子　穿职业套装时，女士最好穿丝袜，肉色的丝袜可以搭配任何服装。穿深色套装时也可以搭配黑色丝袜，但切忌搭配渔网、暗花之类过于性感的丝袜。

4. 职业制服

从事某些行业的人员，如医生、空中乘务员或酒店服务生，都有一定的职业制服，让人一眼就能从穿着的服装上辨别出其职业身份。职业制服于国家、社团、个人都是一种社会符号和形象象征。穿着职业制服并掌握恰当的着装礼仪

提　示

职业女性在日常上班时不一定天天都要穿套装，上衣和裙子可以用不同的颜色来搭配，也可以穿着大方的针织衫。

丝袜容易划破，所以女士在穿丝袜时，手提包中应该有一两双备用丝袜。

有助于体现职业风范和个人风度。

1）应按照规定穿着制服，佩戴标志，戴好帽子和制式领带。

2）衣帽穿戴要严整，要扣好领钩、衣扣，不得披衣、挽袖、卷裤腿，不得歪戴帽子，不得与便服混穿。

3）穿着制服时，仪表仪容要严整。男同志不准留大包头、大鬓角和胡须；女同志不准戴外露饰物，如耳环、首饰、项链等，不得浓妆艳抹、染指甲、染彩发。

4）不准变卖、擅自拆改或外借制服及标志，调离、退休时应将帽徽、肩章、领花等标志符号上交制服管理部门。

5．饰品的选择与佩戴

（1）饰品佩戴的原则　饰品佩戴是一门大学问，很多时候甚至比饰品本身还重要。佩戴得体可以使人增添光彩，佩戴不当则会弄巧成拙。要发挥饰品的内在魅力和功能，就要遵循以下的原则。

1）以少为佳：在一般场合中，佩戴的饰品限制在三种之内是最好的，每一种饰品不多于两件是最正规的。例如，你可以戴一对耳环，也可以戴一对手镯，但是每种饰品最多只可以戴两件。全身上下的饰品不宜多于三种，多于三种便有弄巧成拙之感。男士佩戴饰品最多的就是结婚戒指，场合越正规，男士佩戴的首饰就应当越少。

2）同质同色：即色彩和款式要协调，质地、色彩要相同。

3）符合习俗：入国而问境，入乡而随俗。饰品的佩戴应当遵从有关的传统习惯。

4）注意搭配：佩戴饰物时，应使其与服装和谐、与其他的首饰和谐。

5）注意场合：在社交场合也可以不佩戴首饰。若佩戴饰品，则不要佩戴粗制滥造之物，最好不要靠佩戴的饰品去标新立异。

6）适应身份：佩戴的饰品应该符合主人的身份。

7）扬长避短：佩戴的饰品可以起到扬长避短的作用。

（2）佩戴饰品的礼仪

1）首饰的佩戴方法：

① 戒指。购买戒指时，需选配与手指形状、肤色相配的戒指。戒指一般戴在左手上，但戴在右手上也可以，最多不要超过两个。需要注意的是，若戴两个戒指则要在左手连着戴或左右对称着戴。

戒指佩戴在食指上，表示无偶而求爱；戒指佩戴在中指上，表示正在恋爱中；戒指佩戴在无名指上，表示已订婚或结婚；戒指佩戴在小指上，表示自己是一个独身主义者。

提 示

男士佩戴的项链一般不应该外露，而且不应多于一条。

② 项链。项链是戴于颈部的环形首饰，男女都可以使用，是佩戴时间较长、适用范围广泛的重要首饰，其种类十分繁多。从长度上区分，项链可分为四种：一是短项链，适合搭配低领上装；二是中项链，可广泛使用；三是长项链，适合女士用于社交场合；四是特长项链，适合女士在隆重的社交场合佩戴。

③ 手镯、手链。手镯是女性的装饰物，因纤细精巧而很受现代女性青睐。佩戴手镯和手链是很有讲究的，在普通情况下，手链应仅戴一条，并应戴在左手上。一只手上戴多条手链、双手同时戴手链或手链与手镯同时佩戴是不得体的。如果戴手镯、手链和耳环等首饰，一般可以省去戴项链，或只戴短项链为宜，以免三者在视觉上重复。

④ 耳环。耳环也称耳坠，是女性装饰耳垂的特殊饰品，其种类繁多。佩戴耳环首先要依据脸形而定，其次是发型，最后是服装。在一般情况下，它仅为女性所用，并且讲究成对使用，即每只耳朵均佩戴一只，不宜在一只耳朵上同时戴多只耳环。在国外，男人也佩戴耳环，但习惯做法是只戴左耳，右耳不戴；双耳都戴者会被人视为同性恋。

⑤ 胸针与胸花。胸针可别在胸前，也可别在领口、襟头等位置。

胸针式样要注意与脸形协调，长脸形宜佩戴圆形的胸针；方脸形适宜用圆形胸针。胸花的佩戴有一定的要求，应根据服装的色彩、面料、款式来选用胸花。白色衣裙配上天蓝色的胸花可以形成冷调的协调美；红色衣裙配以黄色、本色的胸花可以形成暖调的和谐美。

2）手表：在西方国家，手表与钢笔、打火机被称为成年男子的“三件宝”，是每个男人须臾不可离身之物。选择手表，应注重其种类、形状、色彩、图案、功能等五个方面的问题。

① 种类。在社交场合，手表可被分为豪华表、高档表、中档表、低档表等四类。选择手表的具体种类时，首先要量力而行，不要做力不从心的事。另外，还要同时顾及个人的职业、露面的场合、交往的对象和同时所选用的其他服饰等一系列相关因素。

② 形状。在正式场合所戴的手表在造型方面应当庄重、保守，避免怪异、新潮。男士，尤其是位尊者、年长者更要注意，造型新奇、花哨的手表仅适用于少女及儿童。一般而言，正圆形、椭圆形、正方形、长方形以及菱形手表因造型庄重、保守，适用范围极广，所以特别适合在正式场合佩戴。

③ 色彩。一般宜佩戴单色手表、双色手表，不应佩戴三色或三种颜色以上的手表。不论是单色手表还是双色手表，其色彩都要清晰、高贵、典雅。金色表、银色表、黑色表，即表盘、表壳、表带均有金色、银色、黑色的手表，是最理想的选择。金色表壳、金色表带、乳白色表盘的手表能经得住时间的考验，在任何年代佩戴都不会落伍。

④ 图案。除数字、商标、厂名、品牌外，手表上没有必要出现其他没有任何作用的图案，选择适用于正式场合的手表尤其需要牢记此点。倘若手表上的图案稀奇古怪、多种多样，不仅不利于使用，反而有可能招人笑话。

⑤ 功能。记时，是手表最主要的功能。手表的功能要少而精，并

要有实用价值。

3）公文包：公文包被称为男士的“移动式办公桌”，是男士外出之际须臾不可离身之物，如图 2-12 所示。

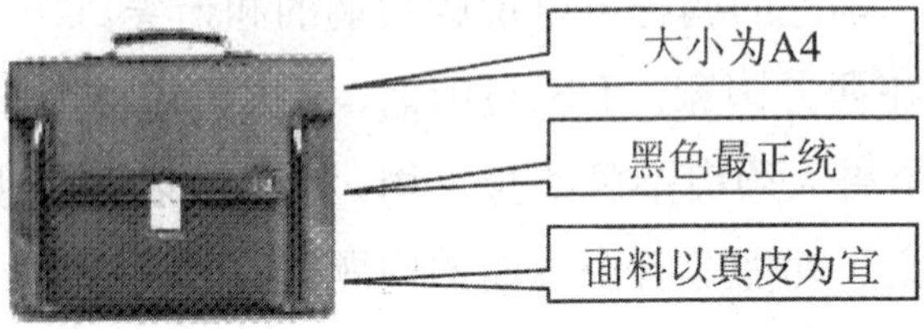

图 2-12　公文包

使用的基本要求：一是不宜多。不要连提带背，一下子携带数只皮包。二是不张扬。使用公文包前，需先行拆去所附的真皮标志。在外人面前，切勿显示自己所用的公文包是名贵高档的。三是不乱装。外出之前，放在包里的物品一定要有条不紊地摆放整齐。这样用时方便，也不至于装在别处不好找。无用之物千万别放在包里，尤其是别使之“过度膨胀”。四是不乱放。应将公文包自觉地放在自己就座之处附近的地板上，切勿将其乱放在桌、椅之上。

4）坤包：女士使用的坤包可以休闲些，但是必须与衣着服饰相搭配。

5）香水：有品位的女性需要熟悉并遵循香水与场合的搭配。

① 探病或就诊。探病或就诊时用淡香水比较好，以免影响医生和病人。

② 参加严肃会议。参加严肃会议千万不要用浓香水。

③ 工作时间。工作时间切忌使用个性强烈的香水。

④ 宴会。香水涂抹在腰部以下是基本的礼貌，过浓的香水会影响食物的味道，可能会减低食欲。

⑤ 婚礼。这种喜洋洋的场合，香味可以倍增喜气。白天可以选择淡香水，晚上则可选择浓点的香水。

⑥ 约会。约会时宜选用柑橘水果和苔类香草为原料的香水，它们含有令人增添吸引力和荷尔蒙的成份。

⑦ 户外。运动和逛街时，人们都易流汗，汗味与香水的气味混合在一起会让人敬而远之，这时要选用无酒精香水或运动型香水。

⑧ 雨天。潮湿的空气会让香气弥散，选用淡香水为宜。

模块小结

一个人的仪表不但可以体现他的文化修养，也可以反映他的审美趣味。穿着得体不仅能赢得他人的信赖，给人留下良好的印象，而且还能够提高与人交往的能力。相反，穿着不当、举止不雅往往会降低身份，损害形象。由此可见，仪表是一门艺术，它既要讲究协调、色彩，也要注意场合、身份，同时它又是一种文化的体现。

体验活动

活动一 情境实训

1. 男同学穿上西装演示，并解说西服着装的礼仪细节，女同学加以点评。

2. 女同学穿上职业套装演示，并解说职业套装着装的礼仪细节，男同学加以点评。

活动二 考考你

以下饰品的搭配符合（或违备）了饰品佩戴的哪些原则？

1）幼儿园教师佩戴贵重、夸张的饰物。

2）脖子较短的女性佩戴粗重的项链。

3）行政执法人员在工作时间佩戴较长的耳环或其他夺目的首饰。

4）服务人员佩戴华丽、抢眼的首饰。

5）衬衣的颜色不适合自己时，选择适合肤色的丝巾系在脖子上，起到色彩过渡的作用。

知识拓展

十二种生日宝石的寓意

月　份	宝石名称	颜　色	寓　意
1	石榴石	绿、酒色、红、桔红	永久
2	紫水晶	紫、红、黄、茶色	快乐
3	橄榄石	黄中带绿	自由
4	金刚钻	透明晶莹	威严、坚定
5	绿宝石	绿、青	希望
6	珍珠	白、淡红	纯洁
7	红宝石	红	爱情
8	珊瑚石	象牙色	理想
9	蓝白石	蓝、蓝绿	成功
10	蛋白石	游离色	前程远大
11	黄玉石	黄、黄中泛红	友谊
12	松石	蓝、黑、绿	幸福

模块四 体态礼仪

体态，即人的举止姿态。中国古代形容不可言喻的形体美只用一个“态”字。“态”是什么？“态”是优雅、自然、生动的姿态和动作，是风度、气质的表现，是一种美的形体语言。毫无疑问，体态无时无刻、无声无息、如影随形地表达着自己。端庄、大方的站姿、坐姿，自信的走路姿态，优美的手势语言，都能使我们成为气质与风度的典范。

小林即将毕业，她在校期间表现优良，成绩也不错，但参加过近十次面试都没有取得成功。小林平时不苟言笑，胆子很小，因为近视，她看东西要靠得很近很近，而且她不敢与人平视，走路时喜欢低着头，只看自己眼前。

学校就业指导办公室的老师找到小林，建议她修正一下自己的体态，这样她的就业会更顺利些。

小思考

小林的体态哪些地方出了问题？

____

____

____

____

模块目标

➢ 了解基本的举止仪态规范，学会用目光、微笑等表情与人交流，并学会正确使用各种手势。

➢ 掌握体姿礼仪的基本动作和训练方法。

模块内容

- 体态礼仪
  - 表情语的运用
  - 手势语的运用
  - 体姿语的运用

一、表情语的运用

让人赏心悦目的表情是自然的、大方的、亲切谦和的。

1. 微笑

微笑是人类最美的语言，微笑是世界性的“通行货币”，微笑是解脱痛苦的良方，是获利最多的投资，是永远快乐的开始。

（1）微笑的种类　在人类的笑容中，微笑的用途最广、效益最大。微笑大致可以分为如下几类。

1）自信的微笑：这种微笑充满着自信和力量，遇到困难或危险时能帮助你渡过难关。

2）礼貌的微笑：懂得礼貌的人会将这种微笑当作礼物慷慨地赠与他人。

3）真诚的微笑：这种微笑能表现出对他人的尊重、理解和同情。

（2）如何微笑　微笑前，应做好心理准备。首先，在大脑里安装一个过滤器，把生活、工作中不愉快的事情全部过滤掉；其次，保持乐观的心态并学会幽默；再次，学会宽容，不要拿别人的错误来惩罚自己；最后，要享受人生，要知足常乐。

（3）微笑的训练　迷人的笑容来自刻苦的训练。

1）微笑的要求是自然、大方，发自于内心并显示出亲切的感觉。

2）微笑的基本做法是不发声，肌肉放松，嘴角两端向上略微提起。首先要放松自己的面部肌肉，然后使自己的嘴角两端平均地、微微地向上翘起，让嘴唇略呈弧形，面含笑意。

3）微笑的三结合。

① 与眼睛的结合。眼睛会说话，也会笑。微笑时，眼睛也要微笑，否则会给人皮笑肉不笑的感觉。学会用眼神与他人交流，微笑才会更传神、更亲切。

② 与语言的结合。微笑着说“早上好”、“您好”、“欢迎光临”等礼貌用语，不要光笑不说或光说不笑。

示　范

训练方法一

取一张厚纸遮住眼睛以下的部位，对着镜子，心里想着最使你高兴的事情。这样，你的整个面部就会露出自然的微笑，你眼睛周围的肌肉也处于微笑的状态。这就是“眼形笑”，如图 2-13 所示。

然后，将厚纸遮住眼睛，放松面部肌肉，嘴角两端向上略微提起。这就是“脸形笑”，如图 2-14 所示。

训练方法二

1）把手举到脸前（见图 2-15）。

2）双手按箭头方向做“拉”的动作，一边想象笑的动作，一边使嘴笑起来（见图 2-16）。

训练方法三

将一根筷子放在下唇上，用门牙轻轻咬稳筷子，露出八颗牙（见图 2-17）。

③ 与身体的结合。微笑得好并非易事，除了要注意笑的表现形式外，还要进行心态调整。首先闭上眼睛调动情绪，回忆美好的过去或展望美好的未来，这时的微笑是源自内心、有感而发的；然后对着镜子练习，使眉、眼、面部肌肉、口形在微笑时和谐、统一。

图 2-13　眼形笑

图 2-14　脸形笑

图 2-15　微笑的训练方法二步骤一

图 2-16　微笑的训练方法二步骤二

图 2-17　微笑的训练方法三

2. 目光的运用

目光是人在交往时一种深情的、含蓄的无声语言，它往往可以表达有声语言难以表现的意义和情感。眼睛是心灵的窗口，目光在很大程度上能如实反映一个人的内心世界。一个良好的交际形象，目光应是坦然、亲切、和蔼、有神的。

（1）注视时间　在整个交谈过程中，与对方目光接触的时间应该累计达到全部交谈过程的 50%～70%之间，其余 30%～50%的时间可注视对方脸部以外的 5～10m 处，这样显得比较自然、有礼貌。

（2）注视区域　场合不同，注视的部位也应有所不同。一般分为公务凝视、社交凝视、亲密凝视，如图 2-18 所示。

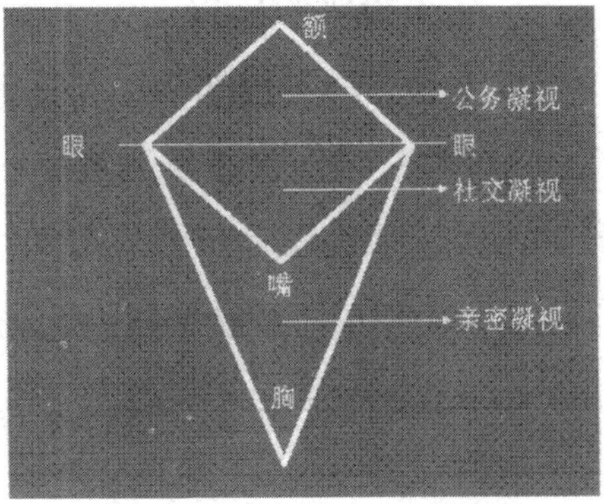

图 2-18　注视区域

1）公务凝视区域：在洽谈、磋商、谈判等严肃场合中，目光要给人一种严肃、认真的感觉。注视的位置在以两眼为底线、额中为顶角所形成的三角区内。

2）社交凝视区域：这是指在各种社交场合使用的注视方式。注视的位置在以两眼为上线、唇心为下顶角所形成的倒三角区内。

3）亲密凝视区域：这是亲人之间、恋人之间、家庭成员之间使用的注视方式。注视的位置在双眼到胸部之间。

失　礼

不良的眼神

① 谈兴正浓时，东张西望或看表。
② 与人交谈时，眼睛不断上扬。
③ 目光经常闪烁不定。
④ 直盯对方双眼。
⑤ 眯视。
⑥ 扫视。
⑦ 斜视。
⑧ 无视。

（3）运用目光　双方交谈时，做到“散点柔视”，即应将目光柔和

地照在对方的整个脸上，而不是聚焦在对方的眼睛上。这样能使对方心理放松，感觉平等，易于交往。

如果想表示对谈话感兴趣，可以用柔和、友善的目光正视对方的眼区。如果想要中断与对方的谈话，可以有意识地将目光稍稍转向他处。当对方说错了话正在拘谨害羞时，不要马上转移自己的视线，而要用亲切、柔和、理解的目光继续看着对方，否则对方会误认为你高傲，在讽刺和嘲笑他。

二、手势语的运用

仪态中，动作最多的、变化最多的是人的手势。它也是非常引人注目的，也许仅仅是拿茶杯或者打招呼的手势就已经影响了他人对你的印象。所以，手势语是一种重要的沟通语言。

1. 手势语的分类（见表 2-4）

表 2-4　手势语的分类

划分标准	手势语的类型	手势语的特点
活动区域	上区手势语	肩部以上的手势语一般用来表达激烈的情绪，如高度的赞扬、胜利的喜悦、向上的精神、深情的呼唤、愤怒的谴责
	中区手势语	肩部以下、腰部以上的手势语一般用来表达平和、亲切的感情，如介绍客人、鼓掌欢迎、请茶引路等
	下区手势语	手的动作最后停留在腰部以下，多用来表示否定、厌恶
表达功能	情绪性手势语	它是表达情绪的手势语言，例如，拍手表示喜悦，两手相交表示精神紧张等
	指示性手势语	指示性手势语能够明确表明方向、地点或某个物体，如引导宾客时的手势语
	象征性手势语	象征性手势语是用生动的手势语表示约定俗成的抽象概念，它在不同的民族或地域代表不同的含义
	模拟性手势语	模拟性手势语是用来模拟人或物的形状、大小、高矮、长短等特征的

2. 运用手势语

（1）象征性手势语

1）跷拇指（见图 2-19）：在中国表示棒、厉害；在美国、法国、印度表示搭车；在日本则表示男人、父亲。

图 2-19　跷拇指

2）伸小指（见图 2-20）：在中国表示最小的、倒数第一；在日本表示女人、女孩子、恋人；在印度、缅甸表示想去厕所；在美国、尼日利亚等国表示打赌。

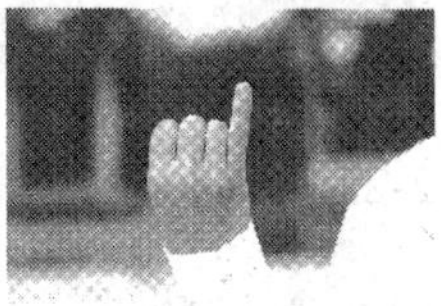

图 2-20　伸小指

3）“OK”型手势（见图 2-21）：在中国表示 0 或 3；在美国和英国表示征求对方的意见或表示同意、赞扬、顺利和了不起；在法国表示零、一钱不值；在日本、韩国、缅甸表示金钱；在印度尼西亚表示一无所有、一事无成、什么也干不了；在突尼斯表示无用、傻瓜。

图 2-21　“OK”型手势

4）“V”字手势（见图 2-22）：手掌朝向对方，表示胜利；手背朝向对方，则表示侮辱。

图 2-22　“V”字手势

（2）招呼他人　招呼他人时用一只手臂，另外一只手臂可垂在身体一侧或背于身后。

1）横摆式（见图 2-23）：手臂向外侧横向摆动，指尖指向被引导或指示的方向，适用于指示方向。

2）直臂式（见图 2-24）：手臂向外侧横向摆动，指尖指向前方，手臂抬至肩高，适用于指示物品的位置。

3）曲臂式（见图 2-25）：手臂弯曲，由体侧向体前摆动，手臂高度在胸以下，适用于请人进门。

4）斜臂式（见图 2-26）：手臂由上向下斜伸摆动，适用于请人入座。

图 2-23　横摆式

图 2-24　直臂式

图 2-25　曲臂式

图 2-26　斜臂式

（3）递接物品　递接物品时用双手为宜，不方便双手并用时要采用右手递接物品，以左手递接物品通常视为无礼，如图 2-27 所示。

图 2-27　递接物品

（4）鼓掌　鼓掌意在欢迎、欢送、祝贺、鼓励其他人。作为一种礼节，鼓掌应当做得恰到好处。鼓掌的标准动作是面带微笑，抬起两臂，抬起左手手掌至胸前，掌心向上，以右手除拇指外的其他四指轻拍左手中部，如图 2-28 所示。鼓掌时，节奏要平稳，频率要一致。至于掌声的大小，则应与气氛相协调。表示喜悦的心情时，可使掌声热烈；表达祝贺时，可使掌声持续较长时间；观看文艺演出时，则应注意勿使掌声打扰演出的正常进行。通常情况下，不要对他人鼓倒掌（即不要以掌声讽刺、嘲弄别人），

提　示

①将有文字的物品递交他人时，需使之正面面对对方。

②将带尖、带刃或其他易于伤人的物品递于他人时，切勿以尖、刃直指对方。

也不要在鼓掌时伴以吼叫、吹口哨、跺脚、起哄等行为，这些做法会破坏鼓掌的本来意义。

图 2-28　鼓掌

三．体姿语的运用

（1）站姿　站姿又称立姿、站相，是人在站立时所呈现的姿态，是人的最基本姿势。站姿是一种静态姿势，是所有仪态的基础。

1）基本站姿要领：头正、颈直、肩平、挺胸、腰立、手垂、腹收、臀收、腿直、腿靠，如图 2-29 所示。

2）常用站姿：

① 垂臂式站姿，如图 2-30 所示。

② 后背握指式站姿，如图 2-31 所示。

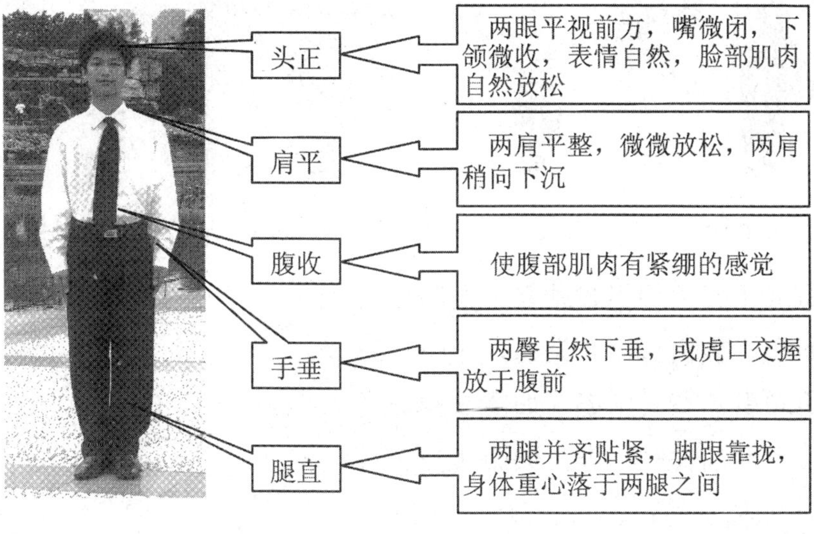

图 2-29　基本站姿要领

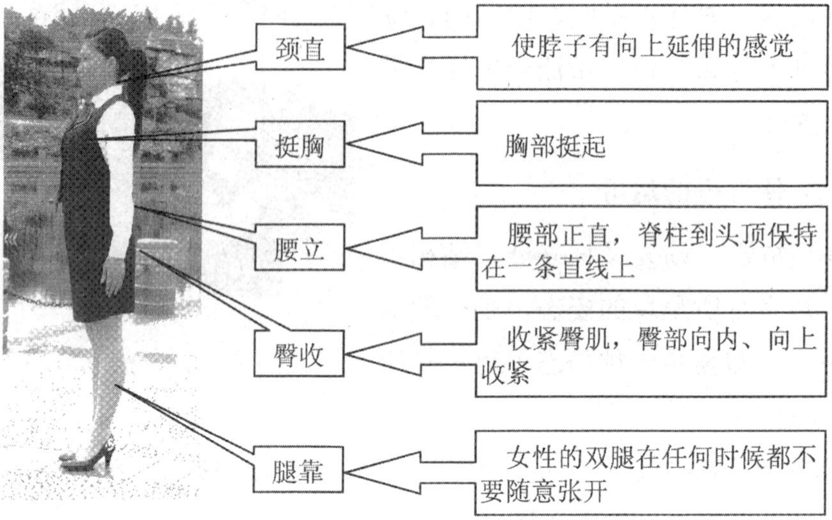

图 2-29　基本站姿要领（续）

图 2-30　垂臂式站姿

图 2-31　后背握指式站姿

③ 女士腹前握指式站姿，如图 2-32 所示。

④ 男士腹前握指式站姿，如图 2-33 所示。

⑤ 单臂后背式站姿，如图 2-34 所示。

⑥ 单臂前曲式站姿，如图 2-35 所示。

3）站姿训练：

① 单人训练法。身体保持在一条直线上，让后背、脚后跟、臀部、双肩及后脑完全紧贴墙壁，保持自然呼吸，腹部收紧，面部放松，自然

微笑。每天训练 15min，坚持一个月，完美的体态将呈现在你眼前。

图 2-32　女士腹前握指式站姿

图 2-33　男士腹前握指式站姿

图 2-34　单臂后背式站姿

图 2-35　单臂前曲式站姿

② 双人训练法。两人为一组背靠背站立，尽量让两人的脚后跟、小腿、臀部、双肩、后脑都紧贴在一起，每次训练 15min。

③ 道具训练法。在头顶平放一本书，为了塑造腿部美感，在两腿中间夹上一张纸片，站立时保持面部微笑，呼吸自然。训练过程中，要求头部的书和两腿间的纸片不能落地，身体保持平衡状态，每天训练以 10min 为宜。

要想保持完美的体态，最好的方法就是反复练习，贵在坚持。

4）不同情况下的站姿：在升国旗、奏国歌、接受奖品、接受接见、听悼词等庄严的仪式场合中，应肃立；在演讲、销售时，可双手支撑讲台，两腿轮流放松；在主持文娱活动时，双腿可并拢或呈“丁”字步；

在迎候宾客时，双腿可平分站立；礼仪小姐的站立要更趋艺术化。

（2）坐姿　生活中，无论工作、学习、参加公众活动或私人晚宴都需要高雅、得体的坐姿。无论哪一种坐姿都应端庄、自然、稳定，展现自己从容、稳重的风度。

1）正确的坐姿要领：头正、挺胸、腰立、角度、深浅、手位、腿并，如图 2-36 所示。

2）入座与离座：

失　礼

不良的站姿

① 两脚分叉分得太开。

② 交叉两腿而站。

③ 一个肩高，一个肩低。

④ 松腹含胸。

⑤ 一只脚在地上不停地划弧线。

⑥ 交腿斜靠在马路旁的树干、招牌、墙壁、栏杆上。

⑦ 不停地摇摆身体，扭捏作态。

⑧ 与他人勾肩搭背地站着。

⑨ 膝盖伸不直。

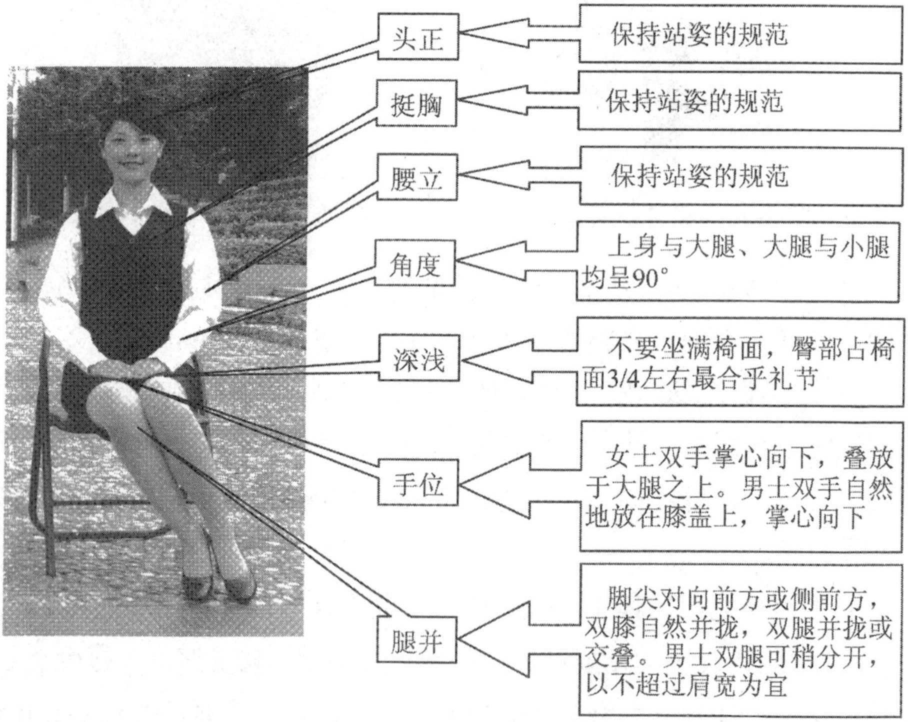

图 2-36　正确的坐姿要领

① 入座。从入座开始，我们的一举一动就已经尽收别人的眼底了，他们会在心里对我们的风度加以判断。正式场合应该从椅子左边入座，先侧身走近座椅，背对其站立，右腿后退一点，以小腿确认一下座椅的位置，然后随势坐下。必要时，可以用一只手手扶座椅的把手。

② 离座。离开座位时，身旁如有人在座，需以语言或动作向其示意，方可站起。地位低于对方时，应稍后离座；双方身份相似时，可同时起身离座。起身离座时，动作应轻缓、无声无息。离开座椅时，先要采用基本的站姿，站定后方可离开，并且应该从左侧离座。

3）常用坐姿：

① 并步坐姿，如图 2-37 所示。

② 小八字步坐姿，如图 2-38 所示。

图 2-37　并步坐姿

图 2-38　小八字步坐姿

③ 前后步坐姿，如图 2-39 所示。

④ 掖步坐姿，如图 2-40 所示。

图 2-39　前后步坐姿

图 2-40　掖步坐姿

⑤ 索步坐姿，如图 2-41 所示。

⑥ 重叠步坐姿，如图 2-42 所示。

图 2-41　索步坐姿

图 2-42　重叠步坐姿

⑦ 开步坐姿，如图 2-43 所示。

⑧ 前屈交叉步坐姿，如图 2-44 所示。

图 2-43　开步坐姿

图 2-44　前屈交叉步坐姿

4）坐姿训练：坐姿练习的要领是轻、平、直。轻是指落座、起身要轻；直是指上身要正直；平是指头、肩要平正。

按坐姿练习的要领，着重脚、腿、腹、胸、头、手部位的训练。训练时，可以播放舒缓、优美的音乐，以减轻疲劳，每天训练 20min 左右，持之以恒。

5）不同情况下的坐姿：在谈话、谈判、会谈时，场合比较严肃，适合正襟危坐；在倾听他人教导、指示、指点时，应坐在椅座的前半部，身体稍向前倾；女士落座时，应把裙子向腿下拢好，以免不雅；在比较

轻松、随便的场合，可以坐得比较舒展、自由些。

提　示

① 女士分腿而坐显得不雅观。
② 腿部倒“V”字式而坐是不提倡的。
③ 与他人交谈时，身体重心可以微向前倾。
④ 男士穿西装而坐时应解开上衣扣。
⑤ 进门未经允许不要坐。
⑥ 落座时不要发出太大的声响。
⑦ 面对面而坐时，膝应侧向一旁。
⑧ 等待时应保持良好坐姿。
⑨ 克服小动作。
⑩ 不要把腿架在桌子上。
⑪ 不要抖动或左右摇晃双腿。
⑫ 不要叉开腿倒骑在座椅上。
⑬ 不要忽地坐下，腾地站起。

(3)走姿　走姿能够体现动态的美感。中国古代形容美女的步态为“其形也，翩若惊鸿，宛若游龙”、“飘飘兮若流风之回雪”，可见步态可以达到极美的境界。

1）正确的走姿要领（见图 2-45)：全身伸直，昂首挺胸；双肩平稳，两臂摆动；全身协调，匀速行进；起步前倾，重心在前；直线行进，自始至终；脚尖前伸，步幅适中。

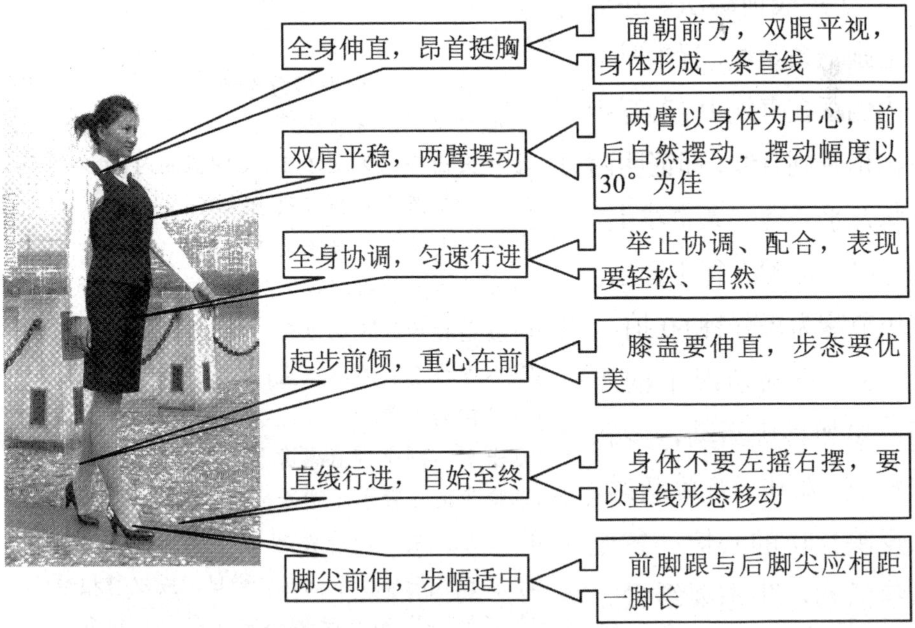

图 2-45　正确的走姿要领

2）走姿训练：流畅的走姿全过程，如图 2-46 所示。

① 道具训练法。将一本书放在头顶，放稳后松手，接着把双手放在身体两侧，用前脚慢慢地从基本站姿起步练习。走路时，要摆动大腿关节，而不是摆动膝关节，这样才能步伐轻盈。

图 2-46　流畅的走姿全过程

② 走线训练法。在地面上画一条直线，行走时双脚内侧踩在直线上。若行走时稍稍碰到直线，即证明两只脚几乎是在一条直线上。训练时，需配上行进音乐，音乐节奏为每分钟 60 拍。

3）不同情况下的走姿：参加喜庆活动，步态应轻盈、欢快、有跳跃感，以反映喜悦的心情；参加吊唁活动，步态要缓慢、沉重、有忧伤感，以反映

失　礼

不正确的走姿

① 肚子腆起，身体后仰。
② 脚尖出去的方向不正，呈明显的内、外八字脚。
③ 两脚不落在一条直线上。
④ 脚迈大跨步，身子上下摆动。
⑤ 双手左右横着摆动。
⑥ 瞻前顾后，声响过大。
⑦ 八字步态，体不正直。
⑧ 只摆动小臂。
⑨ 手臂、腿部僵直或身子死板僵硬。
⑩ 脚步拖泥带水，蹭着地走。
⑪ 耷拉眼皮，低着头走。
⑫ 在正式场合，手插在口袋里，或双臂相抱。
⑬ 不因场合而及时调整脚步的轻重缓急。

悲哀的情绪；在参观展览、探望病人时，环境需要安谧，不宜出声响，脚步应轻柔；进入办公场所、登门拜访时，脚步应轻而稳；走入会场、走向话筒、迎向宾客时，步伐要稳健、大方，充满热情；在举行婚礼、迎接外宾等重大正式场合，脚步要稳健，节奏要稍缓一些；办事联络往来于各部门之间，步伐要快捷、稳重，以体现办事者的效率、干练；在陪同来宾参观时，步伐要照顾来宾行走的速度，并善于引路。

（4）蹲姿　欧美国家认为“蹲”这个动作是不雅观的，所以只有在非常必要的时候才蹲下来做某件事。日常生活中，蹲下捡物品或者系鞋带时要注意自己的姿态，尽量迅速、美观、大方。

1）正确的蹲姿要领：若用右手捡物品，可以先走到物品的左边，左脚向后退半步再蹲下来。脊背保持挺直，臀部一定要蹲下来，避免弯腰翘臀的姿势。女士要两腿并紧，穿旗袍或短裙时更加需要留意，以免尴尬。标准蹲姿，如图 2-47 所示。男士两腿间可留有适当的缝隙。高低式蹲姿，如图 2-48 所示。

图 2-47　标准蹲姿

图 2-48　高低式蹲姿

2）蹲姿的注意事项：

① 不要突然下蹲。当行进中需要下蹲时，要特别注意这一点。

② 不要离人太近。下蹲时应和身边的人保持一定距离。和他人同时下蹲时，更不能忽略双方的距离，以防彼此迎头相撞或发生其他误会。

③ 不要方位失当。在他人身边下蹲时，最好是和他人侧身相向。正面向着他人下蹲或者背对他人下蹲，通常都是不礼貌的。

④ 不要毫无遮掩。在大庭广众面前，尤其是身着裙装的女士一定要避免下身毫无遮掩的情况，特别是要防止大腿叉开。

⑤ 不要蹲在凳子或椅子上。有些人有蹲在凳子或椅子上的生活习惯，但是在公共场合这么做是不能被接受的。

⑥ 不要蹲着休息。

模块小结

仪态是人们在日常行为中表现出来的姿势，在当今社会中已被赋予了更丰富的涵义。随着社会生活交往的深入，我们要学会用兼收并蓄的宽容之心去读懂对方的姿态，更要学会通过完善自我的姿态去表达自己。

体验活动

活动　练一练

1．按以下要求进行站姿训练。

1）个人靠墙站立，要求脚后跟、小腿、臀、双肩、后脑勺都紧贴着墙，每次训练 20min 左右，每天一次。

2）在头顶放一本书，使其保持水平状态，然后使颈部挺直，下巴向内收，上身挺直，每次训练 20min 左右，每天一次。

2．按以下要求进行坐姿训练。

按坐姿练习的要领，着重脚、腿、腹、胸、头、手部位的训练。训

练时，可以播放舒缓、优美的音乐，以减轻疲劳，每天训练 20min 左右，持之有恒。

3．按以下要求进行走姿训练。

在地面上画一条直线，行走时双脚内侧踩在直线上。若行走时稍稍碰到直线，即证明两只脚几乎是在一条直线上。训练时，需配上行进音乐，音乐节奏为每分钟 60 拍。

模块五　语言谈吐礼仪

语言谈吐是人们日常交往的基本方式之一。美国著名的语言心理学家多罗西·萨尔诺夫曾说道：“说话艺术最重要的应用，就是与人交谈。”从广泛意义上来讲，交谈是人们交流思想、沟通感情、建立联系、消除隔阂、协调关系、促进合作的一个重要渠道。

小王开车带着女友去现代农庄郊游，可是怎么也找不到那个农庄。他看到一位老人正在村口悠闲地晒太阳，于是停车问路：“喂，老头，那个现代农庄怎么走啊？”半晌，老头都没出声。小王不耐烦地又问了一句：“喂，老头，问你呢！耳朵聋了？听不见吗？”又过了半晌，老头才慢慢地说：“五里（无礼）！”小王以为是往前开五里路呢，于是往前开了很久，可还是没有找到现代农庄，最后在朋友电话的指导下才到达了目的地。

小思考

小王为什么没有问到他要找的地方呢？

____

____

____

____

模块目标

➢ 认识语言谈吐礼仪的重要性，掌握语言礼仪规范，做到语言谈吐文明、礼貌。

➢ 能够灵活运用谈吐的技巧与人交谈，能够有效沟通双方信息。

模块内容

语言谈吐礼仪
- → 谈吐的语言
- → 谈吐的主题
- → 谈吐的技巧

一、谈吐的语言

1. 语言文明

交谈时，要谦逊、有礼貌，要使用礼节性、交往性、选择性、专业性的语言，要使用健康、文雅、庄重的语言，杜绝粗俗、贬斥、挖苦、讽刺的语言，忌讲粗话、脏话、黑话、荤话、怪话、气话。

2. 语言礼貌

1）问候语：问候语不强调具体内容，只表示一种礼貌，如“你好”、“下午好”、“最近忙什么”……应注意的是下级、年轻人要主动向上级、长者问候。

2）请托语：说请托语时，语气应诚恳，如“有劳您了”、“拜托”、“请多关照”、“拜托您了”。说请托语还需要注意时机的把握。

3）致谢语：当别人为你端上一杯茶时，当有人邀请你一起进餐时，

当有人热情为你让座时，当有人为你捡起掉下的东西时……致谢是非常必要的，而且态度要真诚。

4）礼赞语：林肯曾说过：每个人都希望得到赞美。我们要善于发现、欣赏别人的优点，并且真诚地礼赞它。常用的礼赞语，如“太好了”、“好极了”。

5）告别语：根据离别的不同去向和环境，可以说“再见”、“旅途愉快”、“保重”。

6）致歉语：打扰别人、影响别人、给别人带来不便时，可以说致歉语，如“对不起”、“请原谅”、“很抱歉”、“打扰了”。

7）祝贺语：一般性的祝贺语，如“恭喜”、“祝您成功”；表示节日祝颂的祝贺语，如“元旦快乐”；表示祝愿的祝贺语，如“祝你好运”。

3．语音准确

人们在交谈时，起码要让对方听清自己的话。发音要准确、标准、清晰，音量要适中，语速要适度。

4．语气谦和

在交谈中，讲话的语气一定要平等待人、亲切、谦和，不要端架子、摆派头、以上压下、以大欺小、官气十足、倚老卖老、盛气凌人，更不要随便教训、指责别人。

5．内容简明

人们在交谈时所使用的语言应当力求简单明了，言简意赅地表达自己的观点和看法，切忌喋喋不休、啰啰嗦嗦。

6．少用方言

少用方言、土语，而要以普通话作为正式的标准用语。

7. 慎用外语

在普通性质的交谈中，应用中文，讲普通话。若无外宾在场，最好慎用外语，与国人交谈时使用外语，不能证明自己水平高，反而有卖弄之嫌。

二、谈话的主题

话题就是身份、知识含量、素质的定位，谈话时要注意双向定位的问题。

1. 适宜的主题

1）谈论或提问对方擅长的话题。

2）安全话题（即公共话题），如哲学、历史、地理、艺术、建筑、风土人情。

3）轻松愉快的话题，如电影、电视、体育比赛、流行时尚、烹饪小吃、天气状况等。

2. 忌谈的主题

1）不非议国家和政府。

2）不涉及国家秘密和行业机密。

3）不涉及交往对象的内政。

4）不背后议论同行、领导、同事等。

5）不谈格调不高的话题。

6）不涉及私人问题，如收入（代表个人能力与企业效率）、年纪（快退休及白领丽人不得问）、婚姻家庭、健康状况（健康状况决定发展前途）、个人经历。

三、谈吐的技巧

1. 细心倾听

倾听是与交谈过程相伴而行的一个重要环节，也是交谈顺利进行的必要条件。在交谈时，务必要认真聆听他人的发言，用表情、举止予以配合，从而表达自己的敬意，并为能积极融入到交谈中而做充分的准备。切不可追求“独角戏”，对他人的发言不闻不问，甚至随意打断他人的发言。在交谈中，越是善于倾听他人意见的人，其人际关系越理想。

1）聆听者六要素：

① S—— 微笑（Smile）。

② O—— 聆听的姿势（Open Posture）。

③ F—— 身体前倾（Forward Lean）。

④ T—— 音调（Tone）。

⑤ E—— 目光交流（Eye Communication）。

⑥ N—— 点头（Nod）。

倾听他人谈话的同时，恰当、得体地使用肢体语言做出反应，不但表现出对他人的尊重，同时也能刺激他人更全面地表达自己的需求和谈话重点。

2）倾听的层次（见图 2-49）：

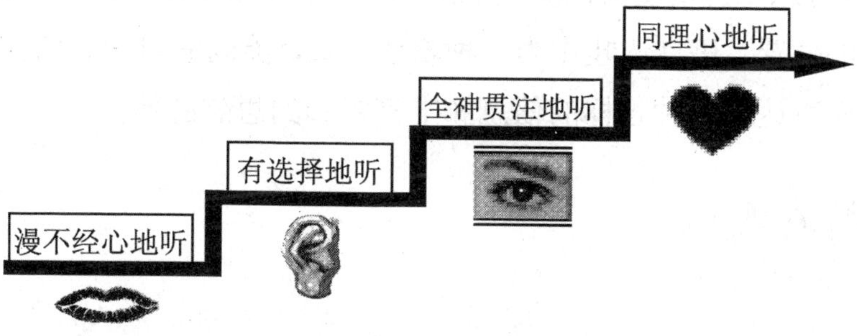

图 2-49　倾听的层次

2．谨慎插话

交谈中不应当随便打断别人的话，要尽量让对方把话说完再发表自己的看法。如确实想要插话，应向对方打招呼：“对不起，我插一句行吗？”但所插之言不可冗长，一两句点到即可。

3. 礼貌进退

参加谈话之前应先打招呼，征得对方同意后方可加入。相应地，他人想加入谈话，则应以握手、点头或微笑表示欢迎。如果别人在进行私下谈话时，不要凑上去旁听，若确实有事需与其中某人说话，也应等到别人说完后再提出要求。谈话中若遇有急事需要处理，应向对方打招呼并表示歉意。值得注意的是，男士一般不宜参与女士圈的交谈。

4. 注意交流

交谈是双向或多向交流的过程，需要各方的积极参与，因此在交谈时切勿造成“一言堂”的局面。自己发言时，要给其他人发表意见的机会，别人说话时，自己要适时发表个人看法，互动地促进交谈的进行。

模块小结

语言是我们所知道的最庞大、最广博的艺术，是双方信息沟通的桥梁，是双方思想感情交流的渠道。语言谈吐在人际交往中占据着最基本、最重要的位置。语言谈吐作为一种表达方式，能随着时间、场合、对象的不同而表达出各种各样的信息和丰富多彩的思想感情。

体验活动

活动一　演讲

以“我最感动的……”为主题，按下列要求进行演讲。

1）先组内分享，然后每组推选2位语言表达能力最好的选手上台。

2）介绍曾经发生的一件令自己最感动的事或令自己最难忘的人。

3）组内分享时间为5min。

活动二　情境实训

请学生分组设计以下片段并进行表演，要求至少运用五种礼貌用语。

1）公共汽车上让座。

2）医院挂号处。

3）商场购物。

4）餐厅就餐。

知识拓展

语 音 训 练

根据美国某博士的调查结果显示，人际沟通中各种因素所起的作用如下：

① 面对面沟通时，身体语言占 55%，声音占 38%，用语占 7%。

② 电话沟通时，声音占 82%，用语占 18%。

以上数据足以证明声音在人际沟通中的重要作用。

在生活中，我们都喜欢听那些饱满圆润、悦耳动听的声音。

（1）口部训练　口腔灵活，说话才会利索。做做口腔体操，能够帮助我们更好地使用嘴巴。

（2）口的开合练习　开口的动作要柔和，两嘴脚向斜上方抬起，上下嘴唇放松，舌头自然放平。形象地说，张嘴像打哈欠，闭嘴如啃苹果。

（3）嚼练习　张口嚼与闭口嚼结合进行，舌头自然放平。

（4）双唇练习　双唇闭拢向前、向后、向左、向右、向上、向下转圈。

（5）练气　没有气息，声带不能震动发声，但是只靠声道发出声音是不够的。要想声音富有弹性、耐久，就需要源源不断地供给声带气流。

胸腹联合呼吸法可以帮助大家控制气流，进而控制声音。这种呼吸方法活动范围大、伸缩性强，可以使气流均衡、平衡。

1）练习方法：慢吸慢呼。

2）总体要求：站稳，双目平视前方，头要正，肩要放松。如同在旷野里呼吸花香一样，慢慢吸足气，感觉腰腹之间充气膨胀并且气入丹田，这个过程需要收紧小腹。保持几秒钟后，缓慢呼出。

3）呼气的时候可以加入以下练习：呼气时练习发音“xiao lan（拼音小兰）”或者数 1、2、3……嘴上要用力，发音之间不要闭住声门，不要跑气、换气，次数越多越好。

（6）练声　在练习发声前，要做一些准备工作。放松声带，用一些轻缓的气流震动它，让声带有所准备，千万不要大喊大叫，否则会对声带起到破坏作用。

为了循序渐进，应先找一个没有人的地方练习，一段时间后再找人进行交谈练习。

第三单元　交往礼仪

社会是人们交往作用的产物，没有人际交往就不会形成社会。人要生存发展，就不能置身于社会交际之外。遵守人际交往礼仪是人们顺利进行社会交往、促进事业成功的重要条件。

单元提要

- 称谓与见面礼仪
- 介绍与名片礼仪
- 沟通礼仪

交往礼仪关系到每一个人的形象塑造和人格展示！

模块一　称谓与见面礼仪

人们在正常的交往应酬中，彼此之间有许多不相同的礼节。亲切、准确、合乎常规的称呼和见面礼体现了对对方的尊敬，同时也反映了自身的文化素质。

某销售代表走进一家老客户的公司，看到客户的办公室里有一位年届五十的中年人。当时办公室里的人都称呼该中年人为“老班”，而且其他人以为这位销售代表见过此人就没有进行介绍，因此在向“老班”敬烟时，这位销售代表当着众人半亲密半开玩笑地说：“老班同志其实不老嘛！是在座的各位太年轻有为了！”

说完这话时，一位与该销售代表比较熟悉的客户使了一个眼色。后来，销售代表才明白原来那位“老班”是客户公司从外地挖来的部门经理，因为与其他部门经理年龄相差悬殊，所以大家都叫他“老班”。虽然这种叫法不会令“老班”感到尴尬，可是销售代表的说法却触动了他的敏感神经。

小思考

该销售代表为什么会失礼呢？

模块目标

➢ 明确国内常用的称谓，理解使用称谓的注意事项，能够灵活、恰当地称呼他人。

➢ 了解见面礼的种类，明确其礼仪规范、操作要求，并且能够灵活运用。

模块内容

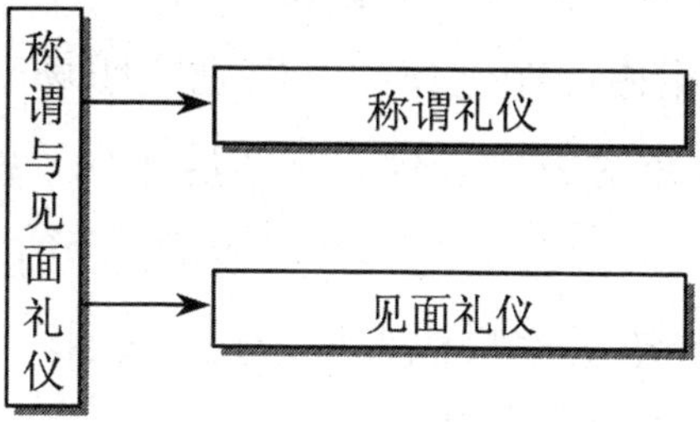

一、称谓礼仪

称谓是指人们在交往过程中彼此称呼对方的一项礼貌细节，它表示着人与人之间的关系，显示出一个人的修养，在某种程度上也反映了社会风尚。

称谓总的要求是称谓得体、有礼有序，并且要符合身份。

1．国内常用的称谓

（1）职务称谓　即以其所担任的职务相称，如“总经理”。

（2）职业称谓　如“司机先生”、“秘书小姐”。

（3）姓名称谓　在“先生”、“小姐”、“同志”之前冠以姓氏。

（4）代词称谓　如“您”、“他”等。

（5）亲昵称谓　亲属、好友间的称呼。

（6）通用称谓　称男士为“先生”，称女士为“夫人”、“太太”、“女士”和“小姐”。一般称谓前面可冠以姓氏，如“林先生”、“莫利太太”。

提　示

对陌生人和初次交往者，需按照其身份、特点进行称呼。

2．使用称谓的注意事项

1）以绰号相称：在任何情况下，当面以绰号称呼他人都是不尊重对方的表现。

2）地域性称谓：有些称谓具有地域性特征，如“师傅”、“小鬼”等，不宜不分对象地滥用。

3）简化不当的称谓：在正式场合，有不少称谓不宜随意简化。例如，把“范局长”称为“范局”就显得不伦不类。

4）以生理特征相称：在工作中，特别在职场交往的时候，如果以生理特征相称是不尊重对方的表现，如“胖子”、“瘦子”、“瘸子”、“四眼”等。

5）称兄道弟：青年人称呼他人要慎用或不用“哥儿们”、“姐儿们”之类的称谓，以免给人以“团伙”之嫌。

总之，称谓的选择应根据不同的对象、不同的场合，以文明礼貌为原则。

二、见面礼仪

1．握手的礼节

握手礼是世界通行的见面礼，是沟通思想、交流感情、增进友谊的重要方式，是一种重要的见面礼节。它可称为是人类相同的“次语言”。

（1）握手的时机（见图 3-1）

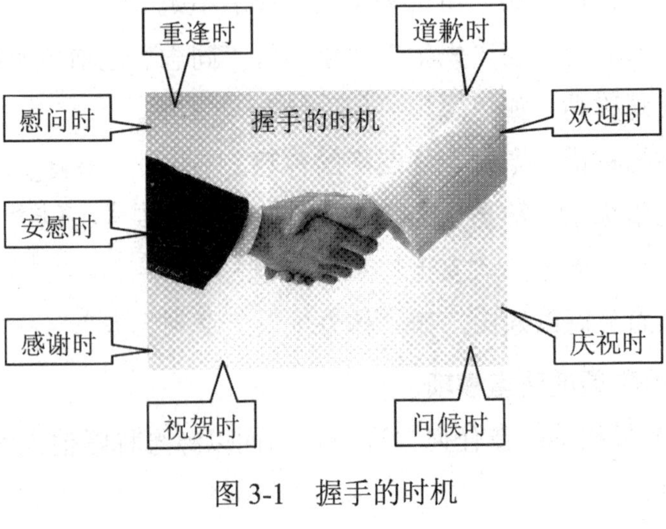

图 3-1　握手的时机

（2）握手的顺序　握手讲究“位尊者有决定权”，即由位尊者决定双方是否有握手的必要。在不同场合，位尊者的含义不同。

商务场合中，位尊者的判断顺序为职位→主宾→年龄→性别→婚否。上下级关系中，上级应先伸手，以表示对下级的亲和与关怀；主宾关系中，主人宜先伸手，以表示对客人的欢迎；根据年龄判断时，年长者应先伸手，以表示对年少者的欣赏和关爱；根据性别判断时，女性宜先伸手，以表示大方、干练的职业形象；根据婚姻情况判断时，已婚者应向未婚者先伸手，以示友好。

纯粹的社交场合中，位尊者的判断顺序有所不同，应以性别→主宾→年龄→婚否→职位作为位尊者的判断顺序。关系密切的朋友之间，有时以谁先伸手表示谁更加热情和更具诚意。

在送别客人时，应由客人先伸手告别，避免由主人先伸手而产生的逐客之嫌。

2．握手的方式

（1）姿势（见图3-2）

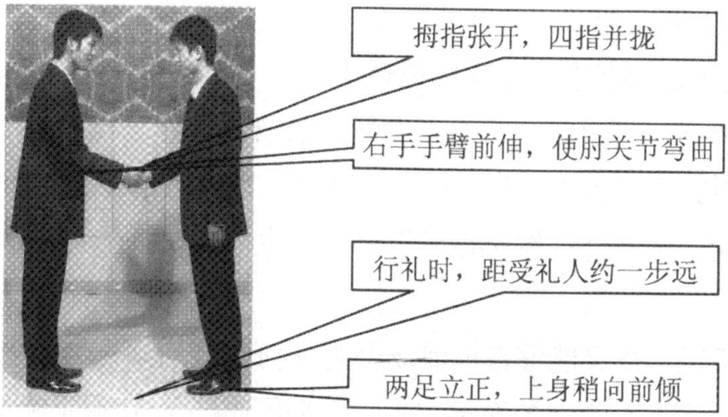

图3-2　握手的姿势

（2）手势　手掌直伸略微用力，表示平等、尊重；手心朝上，表示顺从、谦恭，晚辈宜采取这种方式；手心朝下则显得比较傲慢、粗鲁，不受欢迎；双手重叠握住对方，显得真挚、热情；为表示热烈欢迎，可以长时间紧紧握手，并上下晃动几下。

（3）手位

1）男士与男士握手：握手掌，虎口相对。

2）男士与女士握手：男士握女士的手指。

3）女士与女士握手：手指相握。

（4）时间　握手的时间不宜过长或过短，两手相握3～4 s即可，上下晃动两次是较为合适的。一触即把手收回，有失大方；握着他人的手不放则会使对方尴尬。

（5）力度

1）跟上级或长辈握手：只需伸手过去擎着，不要过于用力。

2）跟下级或晚辈握手：要热情地把手伸过去，时间不要太短，用力不要太轻。

3）与异性握手：女方伸出手后，男方应视双方的熟悉程度回握，但不可用力，一般只象征性地轻轻一握即可。

4）男士之间握手：力度要稍大些。

5）女士之间握手：力度要稍轻些。

（6）神态　握手时，神态需专注、热情、友好、自然。

（7）眼神　在握手的过程中，双眼应注视对方的双眼。假如你的眼神游离不定，对方会对你的心理稳定性产生怀疑，甚至认为你不够尊重对方。

（8）微笑　微笑能够在任何场合为任何礼节增添无穷的魅力。握手的同时给对方一个真诚的微笑，会使气氛更加融洽，使握手礼更加圆满。

美国著名盲人女作家海伦·凯特曾说：握手，无言胜有言。有的人拒人千里，握着冷冰冰的手指就像和凛冽的北风握手。有些人的手却充

满阳光，握住后使你感到温暖。因此，我们有必要细致地研究握手的每一个环节，使握手礼真正成为友谊的开始。

提　示

握手的禁忌

① 忌与异性用双手握手。
② 忌用左手握手。
③ 忌交叉握手。
④ 忌出手太慢。
⑤ 忌在对方无意的情况下强行与其握手。
⑥ 忌带手套与他人握手，如果女士戴有装饰性的手套则可以不摘。
⑦ 忌在手不干净时与他人握手。此时，可以礼貌地向对方说明情况并表示歉意。
⑧ 忌握手后立刻用纸巾或手帕擦手。
⑨ 忌在握手时戴着墨镜，患有眼疾或眼部有缺陷者例外。
⑩ 忌在握手时将另外一只手插在衣袋里。
⑪ 忌在握手时长篇大论、点头哈腰、滥用热情，显得过分客套。
⑫ 忌在握手时把对方的手拉过来、推过去，或者上下、左右抖个没完。
⑬ 忌拒绝与对方握手。即便对方没有顾及到礼仪次序，也要宽容地与对方握手。

3．鞠躬的礼节

鞠躬礼即弯身行礼，为中国、日本、朝鲜的传统礼仪，用来表示对别人的尊敬。

（1）鞠躬的规范

1）距离：行鞠躬礼时，施礼者通常需距离受礼人2m左右。

2）基本姿势：身体成标准站姿，手放在腹前，身体上部向前弯腰呈一定程度，然后恢复原状。

3）角度：15°～90°。

4）表情：自然，并且要

提　示

① 目光应向下看，表示一种谦恭的态度。
② 鞠躬礼毕起身时，目光应有礼貌地注视对方。
③ 鞠躬后，视线落在对方脚尖部位。
④ 鞠躬时，脖颈挺直。
⑤ 鞠躬时，要脱帽。
⑥ 在我国，接待外宾时常用鞠躬礼。

符合场合。

5）眼神：正视对方或正视地面。

（2）分类

1）一鞠躬：身体上部前倾一次，鞠躬的角度大约为 15°～45°。

2）三鞠躬：身体上部前倾三次，鞠躬的角度大约为 90°。

（3）鞠躬的深度　鞠躬的深度视受礼对象和场合而定，如图 3-3～图 3-5 所示。

表示致意，用于一般的服务性问候

图 3-3　15° 行礼

表示向对方敬礼，常用于重要活动、重要场合的问候

图 3-4　45° 行礼

表示向对方深度敬礼或道歉，常用于中国传统的婚礼、追悼会等正式礼仪

图 3-5　90° 行礼

4．亲吻的礼节

（1）吻手礼　吻手礼是男士向女士致敬的一种方式。一般来说，男士身着礼服，立正垂首致意，然后用右手轻抬起女士的右手，并俯身弯腰用嘴唇靠近女士的右手，双唇微闭，象征性地轻触女士的手背或手指。

吻手礼仅限于在室内进行，在街道、影剧院等公共场所，男士不能向女士行吻手礼。男士在室内社交场合来到女士面前垂首致意时，女士若将手臂向上微微抬起，则是准许男士行吻手礼。吻手礼仅限于男士对自己特别敬重和爱戴的已婚女士表示敬意，未婚女士不应享受这种礼遇。这种男士向女士表示崇高敬意的礼节，一般适用于对祖母、母亲、有较高地位的夫人、上司夫人等表示敬意。

吻手礼需要在室内正式场合进行，因此男士和女士都必须着礼服。需要注意的是，吻手礼所轻吻的部位应当是女士的手背或手指，不可以吻女士的手臂。行吻手礼时，如果咂咂作响或把唾液留在女士的手上是十分无礼的，应是双唇轻触对方的手，不出声响。

（2）接吻礼　亲吻礼是产生于西方社会交际场合的一种礼节，据说诞生于古罗马时期。那时，古罗马帝国严禁妇女饮酒，男子打仗归来检查妻子是否饮了酒时，便吻一吻她的嘴，这样相沿成习，后来逐渐扩展到社交场合。

接吻礼是一种重要的社交礼节，是表示亲密、热情和友好的一种礼节。吻的部位不同，表示的含意也不同。一般而言，吻手表示敬意，吻颊表示欢喜，吻唇表示恋爱，吻额表示关爱，吻眼表示幻想，吻掌表示热情。见面时如果想表示亲近，女子之间可以互相亲脸，男子之间可以抱肩拥抱，男女之间可以互贴脸颊，长辈可以亲吻晚辈的额头。

5．拥抱的礼节

拥抱礼是流行于欧美的一种见面礼节。其他国家，特别是在上层社会中也有行此礼的。

拥抱礼多应用于官方或民间的迎送宾朋或祝贺致谢等场合。行礼时，通常是两人相对而立，各自左臂偏上、右臂偏下，右手环抚于对方的左后肩，左手环抚于对方的右后腰，彼此左倾胸部紧紧相抱，并且头部相贴，然后胸部再向右倾相抱，最后再做一次左倾相抱。许多国家在

涉外迎送时多行此礼。

6．致意的礼节

致意礼是一种常用的礼节，它表示问候，通常用于相识的人在各种场合打招呼。向对方致意问候时应该诚心诚意，表情和蔼可亲。若毫无表情或精神萎靡不振，会给人以敷衍了事的感觉。

（1）致意的顺序　男性先向女性致意，年少者先向年长者致意，下级先向上级致意。

（2）致意的方法

1）举手致意：一般来说，举手致意，不必出声，只将右臂伸直，掌心朝向对方轻轻摆一下即可，不要反复摇动。举手致意，适于向较远距离的熟人打招呼。

2）点头致意：点头致意适于不宜交谈的场合，如在会议、会谈进行中与相识者见面，或与仅有一面之交者在社交场合重逢。点头致意的方法是头部微微向下一动，幅度不要太大。

3）欠身致意：即全身或身体的上部微微向前一躬，这种致意方式表示对他人的恭敬，其适用的范围较广。

4）脱帽致意：与朋友、熟人见面时，若戴着有沿儿的帽子，则以脱帽致意最为适宜，即微微欠身，用距对方稍远的一只手脱掉帽子，将其置于大约与肩平行的位置，同时与对方交换目光。

致意时要注意文雅，一般不要在致意的同时向对方高声叫喊，以免妨碍他人。致意的动作不可以马虎或满不在乎，必须认认真真的，以充分表示对对方的尊重。

模块小结

正确地使用称谓与见面礼是人们之间沟通思想、交流感情、增进友谊的重要方式，也是个人形象和综合素质的体现。

体验活动

活动一 社会调查

1. 调查通用称谓的使用频率和环境，并分组进行总结。
2. 你在一周内使用了哪些称谓，请详细地记录下来并进行分类。

活动二 考考你

1. 指出以下握手手势的错误。

A

B

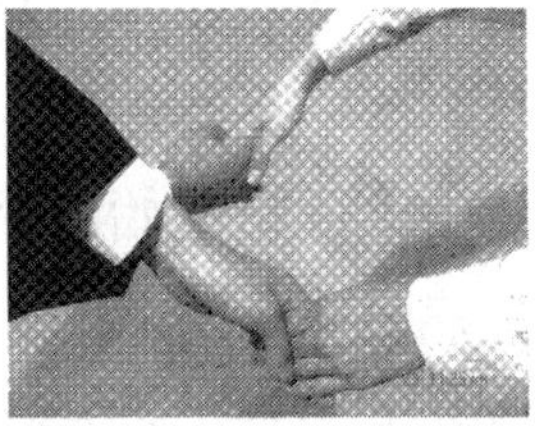

C

D

E

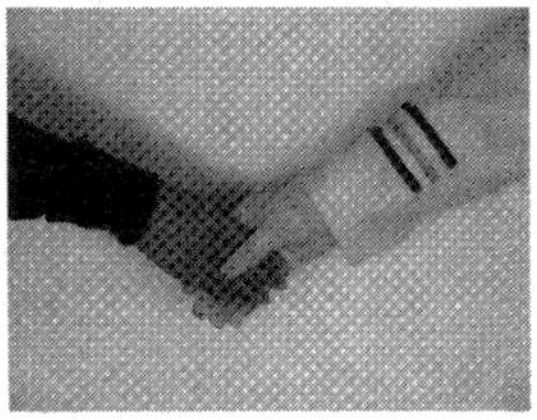

F

2. 指出以下鞠躬姿势的错误。

A

B

C

D

活动三　情境实训

1. 两人一组进行握手的演练，使握手成为自己最自然的表现。

2. 分组设计以下情境并表演，要求使用两种以上的见面礼。

1）大街上路遇老师。

2）餐厅里碰见多年未见、关系特好的同学。

3）交流会上遇到过去的同事。

模块二　介绍与名片礼仪

人际交往始自介绍，正确地利用介绍与名片这一桥梁不仅可以扩大自己的交际圈、广交朋友，而且有助于自我展示、自我宣传，可以为自己在人际交往中消除误会，减少麻烦。

在一次宴请上，小于经朋友介绍认识了小周，小周热情地将自己的名片递给小于，小于接过后将名片放在餐桌上继续交谈。一会儿，又来了一位新朋友，小于向他索要名片，那位新朋友恰巧没带，于是小于将新朋友的信息直接记在小周的名片上，之后又习惯性地将名片卷揉玩弄……

宴请结束后，小于热情地邀请小周下次再聚，但小周根本不理睬小于，小于纳闷极了。

小思考

你知道小周为什么不理睬小于吗？

____

____

____

____

模块目标

- 了解介绍的分类，掌握介绍的礼仪要求，并能够灵活运用。
- 掌握交换名片的要求，并能够灵活运用。

模块内容

介绍与名片礼仪
- → 介绍的礼节
- → 名片的礼节

一、介绍的礼节

介绍是社交活动中相互了解的基本方式，是相互认识的桥梁，是交往的第一步。

1. 介绍的分类

(1)自我介绍　即自己说明自己的情况。

1）需要做自我介绍的情况：

① 想了解对方的情况。

② 想要别人了解自己的情况。

> **提　示**
> 第一次介绍时，单位名称要用全称，不要用简称，以免产生误解。

2）自我介绍的顺序：位低者先行，如图 3-6 所示。

自我介绍的顺序
- 职位高者与职位低者相识，职位低者先作自我介绍
- 男士与女士相识，男士先作自我介绍
- 年长者与年少者相识，年少者先作自我介绍
- 资历深者与资历浅者相识，资历浅者先作自我介绍

图 3-6　自我介绍的顺序

3）辅助工具和辅助人员：自我介绍需要的辅助工具—— 名片；自我介绍需要的辅助人员—— 圈里人或跟圈子里比较熟的人。

4)时间长度：自我介绍的时间以 1min 或者 30s 左右为宜。

提 示

商务礼仪不同于社会礼仪，谁是“尊者”的第一判断应该首先基于职务，而非年龄及性别等因素。

5）内容：自我介绍的内容要规范，并且要包含“四要素”，即单位、部门、职务、姓名。

（2）第三方介绍　即第三方出面为不相识的双方作介绍。

示 范

得体的介绍语言

“请允许我为您介绍，这位是……”

1）介绍人：社交的场合中，女主人可以作为介绍人；公务活动中，专业人士、对口人员、东道主一方职务最高者可以作为介绍人。

2）第三方介绍的顺序：国际惯例是“尊者有优先知情权”，即被介绍的双方中位置较高、更受尊重的人应该首先知道对方的情况。第三方介绍的顺序，如图 3-7 所示。

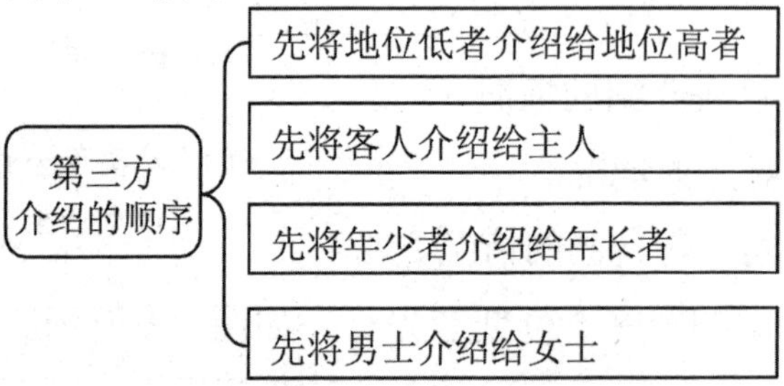

图 3-7　第三方介绍的顺序

（3）集体介绍　即把某一集体的情况向其他人说明。

1）两个集体：把地位低的一方先介绍给地位高的一方。地位低的一方一般是东道主，地位高的一方一般是客人。

2）集体和个人：仅把个人介绍给集体，不向个人介绍集体的情况。

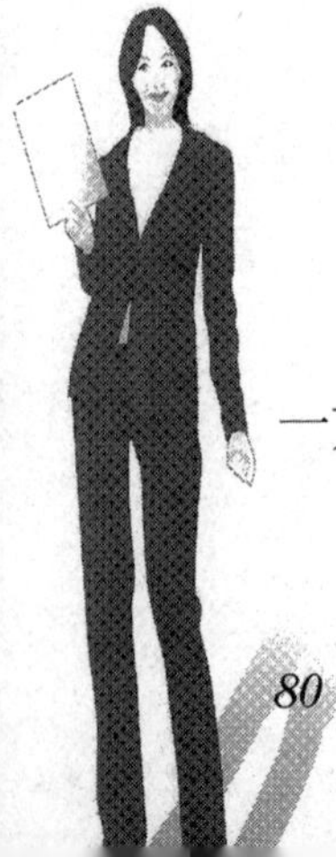

（4）业务介绍　一般来说，业务介绍主要是针对产品进行介绍。

1）把握时机：当目标对象有兴趣的时候，再对产品进行介绍。

2）讲究方式：人无我有，人有我优，人优我新，诚实无欺。

失　礼

以下几点是失礼的行为：

① 介绍时啰嗦和重复。

② 介绍他人时直呼其名。

③ 介绍人中有媒体人士，没有清楚地告知对方其职业。

④ 介绍过程中如果遇有错误，却没有及时更正。

⑤ 为他人作介绍时进行过分的夸赞，或带有个人价值色彩。

3）注意事项：不诋毁他人，同行之间不能互相忌妒。

2．介绍的姿势

自我介绍的姿势，如图 3-8 所示。第三方介绍的姿势，如图 3-9 所示。

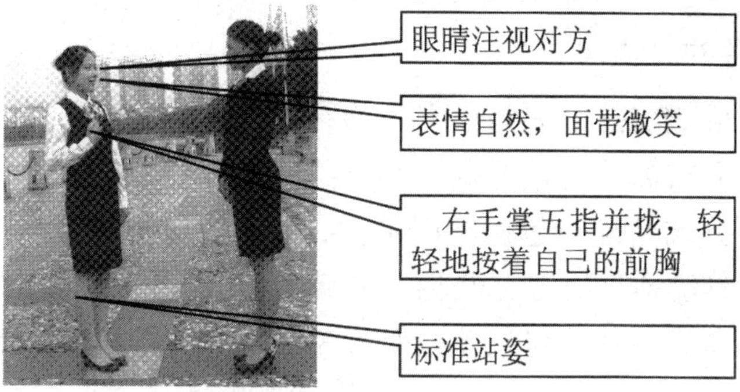

图 3-8　自我介绍的姿势

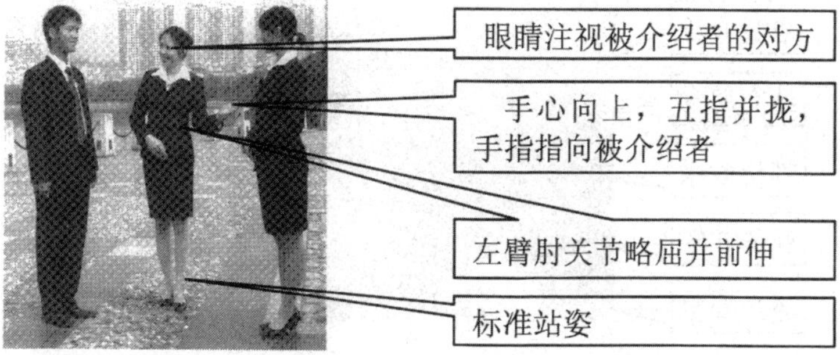

图 3-9　第三方介绍的姿势

二、名片的礼仪

名片是人际交往中的第二张脸，是一个人身份和地位的象征。精美的名片能使人印象深刻，能体现出独到的风格和品位。

1. 名片的制作

（1）规格　9cm×5.5cm。

（2）质材　耐折、耐磨、美观、大方。

（3）色彩　庄重、朴素，切忌杂色。

（4）图案　以少为佳。

（5）文字　宜用汉语简化字，可酌情使用少数民族文字或外文。

（6）字体　采用标准、清晰、易识的印刷体为宜。

（7）印法　采用铅印或胶印，最好不要用手书自制或复印、油印、影印制作名片。

（8）版式　横式或竖式。

2. 名片的分类

（1）应酬式名片　只有姓名，最多加上本人籍贯。

（2）社交式名片　仅有姓名和联络方式。

（3）公务式名片　包括归属单位、本人称呼（即职务与头衔）、联络方式（即单位地址、办公电话、邮政编码等）。

（4）单位式名片　包括单位全称及其标志、单位联络方式。

3. 名片的用途（见图 3-10）

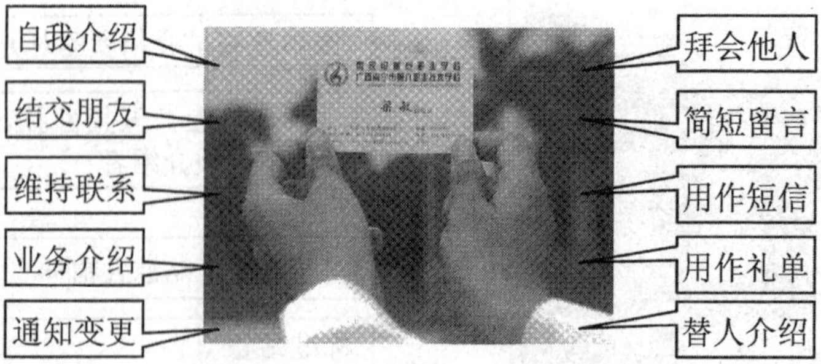

图 3-10　名片的用途

4. 名片的交换

（1）交换名片的时机　一是交谈开始前，二是交谈融洽时，三是握手告别时。

（2）递上自己的名片

1）名片的存放：名片应放在安全、不易拢皱的地方。随身携带的名片，最好放在专用的名片包或名片夹里；公文包以及办公桌抽屉里也应该常备有名片，以便随时使用。此外，要养成一个基本的习惯：会客前，检查和确认名片夹内是否有足够的名片。

> **提　示**
>
> **名片放在哪里？**
>
> ① 衬衣左侧口袋或西装内侧口袋。
>
> ② 不要使口袋因放置名片而鼓起来。
>
> ③ 不要将名片放在裤兜里。

2）递送名片的姿势：采用标准站姿递送名片，如图 3-11 所示。

3）手拿名片的位置：要用双手的大拇指和食指拿住名片上端的两个角，名片的正面应朝向对方。交换名片时，不要以单手手指夹住名片递给他人，更不要用左手递交名片。手拿名片的位置，如图 3-12 所示。

> **失　礼**
>
> **以下几点是失礼的行为：**
>
> ① 递出污旧或褶皱的名片。
>
> ② 在对方的名片上书写不相关的东西，或随意涂改对方的名片。
>
> ③ 无意识地玩弄对方的名片。
>
> ④ 上司在时却先递交名片。
>
> ⑤ 坐着接受对方递来的名片。

图 3-11　递送名片的姿势

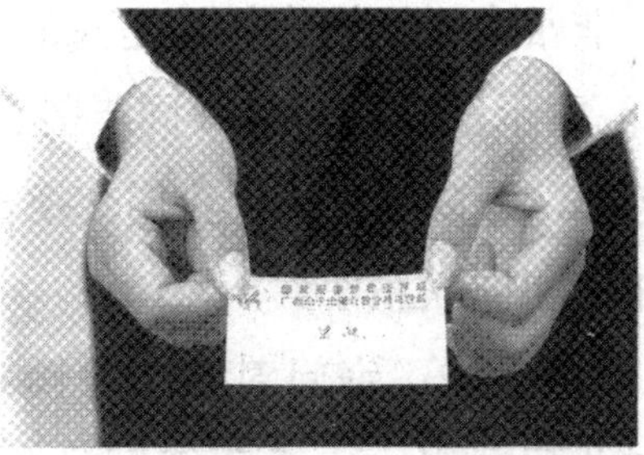

图 3-12　手拿名片的位置

4）递送名片的语言表示：如“初次见面，请多多关照”、“非常高兴认识您”。

5）递送名片的先后顺序：按由尊而卑或者由近而远的顺序，依次递送。忌“批发式”散发名片。

（3）接受他人的名片

1）接受名片的姿势：起身迎接。

2）接受名片的语言表示：接受名片时需表示谢意，如“谢谢”、“非常高兴认识您”。

3）手接名片的位置：接受名片时应以双手去接，并确定其姓名和职务。

4）认真阅读名片：接受名片后认真阅读名片，了解对方的确切身份，表示对交往对象的重视。

5）名片的存放位置：认真阅读他人的名片后，应将其精心存放在自己的名片夹内，切忌不加确认就放入包中。忌放在裤兜、裙兜、提包、钱夹中或随手乱扔。

6）回赠自己的名片：接受他人的名片后，需要把自己的名片及时地回赠对方。如果没带自己的名片，可以跟对方解释一下。

（4）索要他人的名片

1）交易法：主动递上本人的名片，“将欲取之，必先与之”，如“张教授，非常高兴认识您，这是我的名片，请您多指教。”

2）明示法：向对方（同年龄、同级别、同职位）提议交换名片，如“老王，好久不见了，我们交换一下名片吧，这样联系更方便。”“不知道如何和你联系？”

3）谦恭法：询问对方（向长辈、领导、上级），如“汪老，您的报告对我启发很大，希望能有机会向您请教，以后怎样向您请教比较方便呢？”

4）暗示法：询问对方，如“今后如何与你联系？”

（5）婉拒他人索取名片

1）的确发完：以道歉的态度承诺改日补上，如“抱歉，我的名片用完了，改日给你送去。”

2）不想递交：以道歉的态度婉转拒绝，如“对不起，我忘了带名片。”

模块小结

介绍是人与人进行相互沟通的出发点，其最突出的作用就是缩短人与人之间的距离。现代生活中，人们的交往范围日益广泛，似乎每天都在认识新的面孔，结交新的朋友。初次认识时总少不了介绍，而名片是现代人的自我介绍信和社交的联谊卡，是一个人身份的象征，并已成为人们社交活动的重要工具。

体验活动

活动一　考考你

判断正误：

1）不要把自己的名片、他人的名片和其他杂物混在一起，以免使用时手忙脚乱或掏错名片。（　　）

2）出席重大的社交活动时，一定要带名片。（　　）

3）参加会议时可以在会前或会后交换名片，在会中也可以擅自与他人交换名片。（　　）

4）对与陌生人或巧遇的人，在谈话中应发送名片。（　　）

5）先于自己的领导递交名片。（　）

6）无论参加私人宴请还是商业宴请，名片皆不可在用餐时发送。（　）

7）接名片时要用双手，并认真看一遍上面的内容。如果接下来会与对方谈话，不要马上将名片收起来，可以将名片放在桌上，以便更好地进行交流，并使对方感觉到你对他的重视。（　）

8）交换名片时如果名片用完，可以用干净的纸代替，在上面写上个人资料并表示歉意。（　）

9）“××您好！早就久仰您的大名，今天您的讲座让我收益良多，今后该如何向您请教呢？”这属于应用明示法索取名片。（　）

10）“刘董事长您好，很高兴认识您，不知道能不能有幸跟您交换一下名片？”这属于应用谦恭法索取名片。（　）

11）在商务场合，职位高者应先作自我介绍。（　）

12）第三方介绍时，介绍人的眼睛应注视被介绍者。（　）

13）社交场合中，男主人可以作为介绍人。（　）

14）两个集体进行相互介绍时，应把地位低的一方先介绍给地位高的一方。（　）

15）第三方介绍时，应遵循“位低者先行”的原则。（　）

活动二　情境实训

1．根据下列情境进行自我介绍。

1）情境一：应聘。

2）情境二：拜访。

2．按下列要求分组设计商务会见情节，并进行情景演练。

要求：每 6 人为一组，分别扮演领导、客户、媒体等不同角色，演练初次见面时如何进行相互问候、介绍及交换名片。

模块三　沟 通 礼 仪

沟通是一门学问，更是一门艺术。

小徐与唐教授约好下午 4:00 去教授家进行某课题的探讨。下午 3:30，小徐就敲响了唐教授的家门，唐教授开门一看是小徐，一脸的不高兴……

小思考

小徐与唐教授是事先有约的，可是唐教授为什么会不高兴呢？

____

____

____

____

模块目标

- 了解探望慰问时应注意的问题。
- 掌握拜访的礼仪规范，并能够灵活运用。
- 掌握谈判的流程和谈判时应注意的问题。

模块内容

沟通礼仪
- → 探望慰问礼仪
- → 拜访礼仪
- → 谈判礼仪

一、探望慰问礼仪

当亲友、同事、同学患病时，前往探望慰问是人之常情，也是一种

礼节。

1）选择适当时机：尽量避开病人休息和治疗时间。

2）衣着要整洁：不要穿富有刺激性色彩的衣服。

3）不打扰其他病人：走路要轻，不能打扰其他病人的休息。

4）携带礼物：可以携带鲜花、水果、小玩具、画册、羊毛毯、保温杯等，但要注意根据病人的病情加以选择。

5）神情：探望病人时，神情应该保持轻松和关切，不要显得过于担心。见到病人治疗用的针头、皮管及其他医疗器械，不要表现出惊讶的神态，以避免给病人带来压力。

提　示

① 不宜在早晨、中午、深夜以及病人吃饭或休息时间前往探视。

② 拜访对鲜花过敏或患呼吸道疾病的人，不适宜赠送鲜花。

③ 不要送纯一色的白花、菊花。

④ 不宜给糖尿病人、肠胃病人送水果。

⑤ 不要向病人介绍道听途说的偏方、秘方，不推荐未经临床实验的药物。

6）言行：与病人谈话时，一般应先询问病人的身体状况及治疗效果。在病人讲述病情时，要认真地听，不要心不在焉、左顾右盼。多说一些轻松、宽慰的话，或释疑开导，或规劝安慰，以利于病人恢复平静、稳定的心情。

7）探病谈话的注意事项：

① 要注意病人的忌讳。

② 要多谈些室外的新鲜事，询问病情应简要，多讲些外面生动有趣的新闻，使病人心情愉快，有利于康复。

③ 要说些有益于养病的话。

④ 语气委婉，语调亲切，情真意切。

8）告别：一般来说，告别时应谢绝病人送行，并询问病人是否有事相托，祝他（她）早日恢复健康。

二、拜访礼仪

个人之间、社会组织之间、个人与企业之间都少不了拜访。拜访是社交活动中的一种重要形式，也是社交的一种重要手段。不管是礼节性拜访还是商务性拜访，都应该遵循一定的礼仪规范。

1．拜访的类型（见图 3-13）

图 3-13　拜访的类型

2．拜访的流程（见图 3-14）

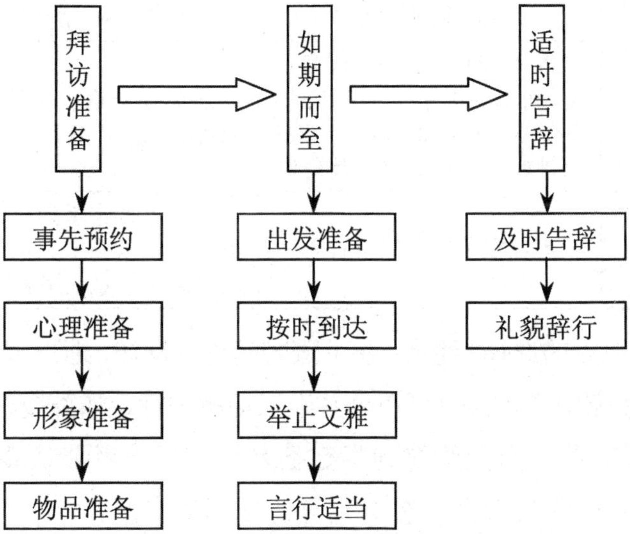

图 3-14　拜访的流程

3. 拜访礼节

（1）拜访准备

1）事先预约：拜访客户或朋友务必要先约定，这是进行拜访活动的首要原则。通常，先打电话与拜访对象取得联系，约定宾主双方都认为比较合适的时间和会面地点，并且告诉对方拜访的意图。

① 预约的方式。预约的方式可以是电话预约、当面预约或者书信预约等。无论是哪种预约，口气和语言一定是友好、请求、商量式的，而不能以强求命令式的口气要求对方。在交往中，未曾约定而去拜访属于失礼的表现，很不受欢迎。如果有要紧的事必须前往时，一定要表示歉意并解释清楚。

> **提　示**
>
> 切忌搞“突然袭击”，作不速之客。不得已时，应提前5min打个电话通知。

② 拜访时间的选择（见表3-1）。

表3-1　拜访时间的选择

拜访地点	适用时间	忌用时间
私宅拜访	以不影响对方休息为原则，可以在上午9～10点钟、下午3～4点钟、晚上7～8点钟或节假日前夕进行拜访	避免在吃饭、午休或者晚上10点钟以后登门拜访
写字楼拜访	可以在上班时间进行拜访	最好不要在星期一、刚上班、快下班、异常繁忙、正在开重要会议的时候及休息、用餐时间进行拜访

③ 拜访地点的选择。通常，在上班时间进行拜访，地点可选在办公室；私人拜访可在家中进行，也可在公共娱乐场所进行，如茶楼、咖啡厅等。

2）心理准备：当预约得到肯定答复后，拜访者要认真做好赴约的准备。准备的充分与否直接影响到拜访目的的实现。

制订拜访目标，明确谈话主题、思路和话语，有助于克服恐惧感，提高承受挫折的能力。

3）形象准备：形象准备原则上是力求与客户层次接近并略显高一

些，或表现出权威的形象。正式的公务拜访，拜访者穿着要大方、干净、整洁，要和自己的职业相称。朋友间的拜访可以穿着随意一些。

4）物品准备：

① 拜访前，一定要认真阅读拜访对象的个人和公司资料，充分准备好相关的内容，以免措手不及、浪费时间，并且让对方感觉拜访者办事不踏实。

② 检查各项携带物是否齐备，如名片、笔、记录本、电话本、磁卡、现金、计算器、公司和产品介绍、合同等。

③ 拜访前，拜访者自己的名片一定要提前备好，放在容易取出的地方。

④ 准备适宜的礼品。

⑤ 熟悉交通线路。

（2）如期而至

1）出发准备：最好与拜访对象通电话确认一下，以防临时发生变化。选好交通路线，算好时间出发，确保提前 5～10min 到达。

2）按时到达：约定了会面的具体时间，拜访者应该守约守时如期而至。如果估计要迟到，一定要及时通知对方，告诉对方自己预计到达的时间，并对自己的迟到表示歉意。到达时，不要再喋喋不休地解释原因。早到容易打乱别人的安排，原则上必须提前 5min 到达，但在现实生活中去办公区域拜访时应提前 5～7min 到达。

3）举止文雅：无论是到办公室还是寓所拜访，一定要做到彬彬有礼、衣冠整洁、谈吐得体，体现出自己的职业感。冒失邋遢的拜访者是不受欢迎的。

① 到了拜访对象的办公大楼前需要再整装一次，如提前到达，不要在被访公司里溜达。

② 如果入室前有鞋垫，则要先在鞋垫上擦净鞋底，不要把脏物带进室内。戴有帽子或墨镜，进入室内应该脱下帽子、墨镜。

③ 进入室内时，应该先敲门或按门铃，待到有回音或有人开门相让才可以进门，不要冒失地随意进入。

④ 面带微笑，清晰、礼貌地向接待人员说明身份、拜访对象和目的。

> 示 范
>
> **敲门的艺术**
>
> 食指弯曲，指关节敲门，力度适中，间隔有序敲三下，等待回音。

⑤ 从容地等待接待人员将自己引到会客室或拜访对象的办公室。

⑥ 将随身带来的外套、雨具等放到指定的地点，不要随处乱放。

⑦ 接待人员没有提出就座，拜访者不能随便坐下。接待人员让座之后，拜访者一定要表示谢意，不能有不文明的行为。

⑧ 在会客室等候时，拜访者不要看无关的资料或在纸上涂画。

⑨ 接待人员奉茶时，拜访者应欠身双手相接并致谢，喝茶应慢慢品饮，不要一饮而尽。不要随便抽烟并把烟灰、纸屑等污物随意扔在地上或茶几上。

⑩ 不要翻动别人的书信和工艺品。

⑪ 等候超过一刻钟，可向接待人员询问有关情况。

⑫ 如拜访对象实在脱不开身，留下拜访者的名片和相关资料，请接待人员转交。

4）言行适当：

① 如果拜访对象的办公室关着门，拜访者应先敲门，听到“请进”后再进入。

② 问候、握手、交换名片。

③ 会谈时，要注意称呼、遣词用字、语速、语气、语调。语言要适度、表达准确，不要夸大其词，也不要过于谦卑。特别是在商务性拜访中，要做到：有能力做到的事大胆自信地接受；做不到的事以实相告；说任何话都要留有余地；会谈过程中如无急事不打电话或接电话，如需接、打电话要注意掌握时间。

（3）适时告辞　准备商量什么事，拜访要达到什么目的，事先要有所打算，以免拜访时跑“马拉松”。事情商量完毕后，不宜停留过长时间，在别人的工作或休息时间无谓地消磨时光是不礼貌的。拜访的目的已达到，应该及时告辞。同时，也要根据对方的反应和态度来确定告辞的时间和时机，一是话不投机，或是当你谈话时，拜访对象反应冷淡；二是拜访对象不停看表，这时一定要毫不犹豫地起身告辞。

拜访者说完告辞就应起身离开座位，不要久说、久坐不走。起身告辞，要向拜访对象表示打扰之意，可以说“请留步”、“再见”等。感谢对方的接待，握手告辞，拜访者在离去时要向拜访对象挥手示意，不要起身后一去不回头，让拜访对象觉得很失望。如办公室的门原来是关闭的，出门后应轻轻把门关上。拜访对象如要相送，应礼貌地请拜访对象留步。从对方的公司或家中出来后，切忌在回程的电梯或走廊里窃窃私语，以免被人误会。

三、谈判礼仪

1. 谈判的流程（见图 3-15）

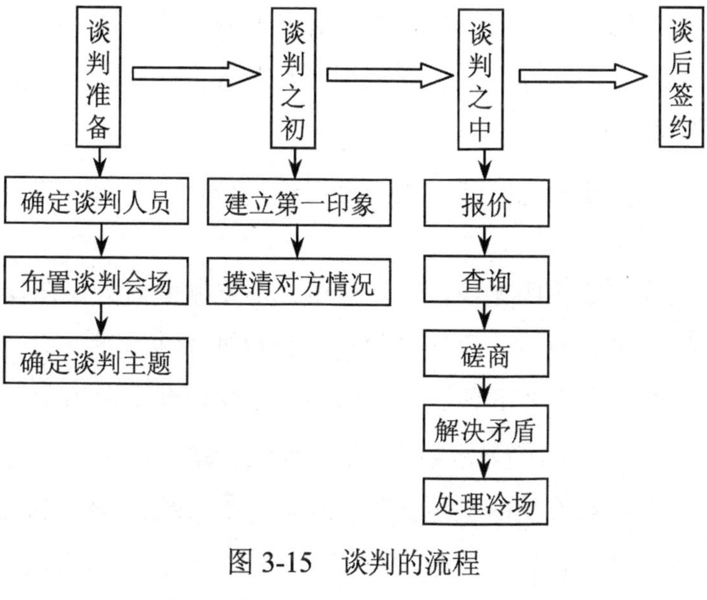

图 3-15　谈判的流程

2. 谈判准备

（1）确定谈判人员　谈判人员的组成需要遵循对等性原则，即与对方谈判代表的身份、职务要相当，一般由拍板成交的主谈人员、专业人员、有洽谈经验的翻译人员组成。

谈判人员要有良好的综合素质，谈判前应整理好自己的仪容仪表，穿着要整洁、正式、庄重。男士应刮净胡须，穿西服必须打领带。女士穿着不宜太性感，不宜穿细高跟鞋，应化淡妆。

（2）布置谈判会场　采用长方形或椭圆形的谈判桌时，门右手座位或对面座位为尊，应让给客方。

（3）确定谈判主题　谈判前应对谈判的主题、内容、议程做好充分准备，制订好计划、目标及谈判策略。

3. 谈判之初

（1）建立第一印象　谈判双方接触的第一印象十分重要，言谈举止要尽可能创造出友好、轻松的谈判气氛。

（2）摸清对方情况　谈判之初的重要任务是摸清对方的底细，因此要认真听对方的谈话，细心观察对方的举止表情，并适当给予回应。这样既可了解对方的意图，又可表现出尊重与礼貌。

4. 谈判之中

这是谈判的实质性阶段，主要是报价、查询、磋商、解决矛盾、处理冷场。

（1）报价　要明确无误，恪守信用，不要欺蒙对方。在谈判中，报价不得变换不定，对方一旦接受价格，报价即不再更改。

（2）查询　事先要准备好有关问题，在气氛和谐时提出，态度要开诚布公。切忌在气氛比较冷淡或紧张时提出问题，言辞不可过激或追问不休，以免引起对方反感甚至恼怒，但对于原则性问题应当力争不让。对方回答问题时不宜随意打断，答完后要向解答者表示谢意。

（3）磋商　讨价还价事关双方的利益，容易因情急而失礼，因此更要注意保持风度，应心平气和、求同存异，言语措辞应文明礼貌。

（4）解决矛盾　有矛盾时要就事论事，要有耐心，要保持冷静，不可因发生矛盾就怒气冲冲，甚至进行人身攻击或侮辱对方。

（5）处理冷场　此时主方要灵活处理，可以暂时转移话题，稍作松弛。如果确实已无话可说，则应当机立断暂时中止谈判，稍作休息后再重新进行。主方要主动提出话题，不要让冷场持续过长时间。

5．谈后签约

签约仪式上，双方参加谈判的全体人员都要出席，共同进入会场，相互致意握手后一起入座。双方都应设有助签人员，分立在双方签约人员外侧，其余人员排列站立在各自一方的签约人员身后。

助签人员要协助签约人员打开文本，用手指明签字位置。双方签约人员各在己方文本上签字，然后由助签人员互相交换，签约人员再在对方文本上签字。

签字完毕后，双方应同时起立，交换文本并相互握手，祝贺合作成功。其他随行人员则应该以热烈的掌声表示喜悦和祝贺。

模块小结

沟通礼仪是现代人们工作、生活中不可缺少的环节。

体验活动

活动一　考考你

请选出你拜访时可能用到的物品：

名片	合同	证明文件	笔	记事本	小礼品	说明书	报价单	发票
通讯录	唇膏	客户介绍	伞	刮胡刀	小镜子	小梳子	擦鞋纸	交通图

标准：一旦拜访对象需要，拜访者能在5s之内从包内取出。

活动二　课后讨论

1. 谈判之初如何建立第一印象？

2. 在拜访活动中，拜访对象的态度冷淡，拜访者应该如何处理？

活动三　情境实训

1. 分组进行设计以下三个场合的拜访活动并进行表演。

1）私宅拜访。

2）写字楼拜访。

3）咖啡厅拜访。

2. 每8人为一小组，分角色进行签字仪式的练习。

要求：轮换角色。

知识拓展

馈 赠 礼 仪

（1）馈赠时机的选择　这是非常重要的，它可以使馈赠显得亲切、自然，充分表达热情。

1）节假良辰：表示节日的祝贺。

2）婚丧喜庆：使受礼人感受到你的友情。

3）临别送行：表示友谊天长地久。

4）感谢帮助：表示敬意。

5）回赠：表示友好、感谢。

（2）礼品的选择　礼轻情谊重。

1）注重真情：有些花心思的、自制的礼品，如亲自编织的毛衣等，

可使受礼人感动、喜欢。

2）因人而异：礼品的选择最重要的是使受礼人喜欢，这就需要了解对方的品位、生活方式等。

3）避开禁忌：以台湾为例，禁忌赠送以下物品。

① 禁以毛巾送人：台湾俗语中有 “送巾断根”之称，民俗中办完丧事才送毛巾，意为生死从此两断，有断绝、永别之意。

② 禁以刀剪送人：其有“一刀两断”、“一剪两断”之意。

③ 禁以甜果送人：甜果（年糕）是台湾民间过年祭拜神明、祖宗时的祭祖拜神之物。

④ 禁以雨伞送人：“伞”与“散”谐音，以伞赠人，表示情意已散的意思。

⑤ 禁以扇子送人：其有甩掉、抛弃之意。

⑥ 禁以镜子送人：因为镜子容易打碎，其有“破镜难圆”之意。

⑦ 禁以钟送人：“钟”与“终”谐音，其含有送终的歧义。

（3）馈赠的时机与方式

1）一般在双方交谈前或结束时赠送礼品，很少在商业交易正在进行时赠送礼品。在欧洲是在协议达成的时候赠送礼品。在日本和大部分亚洲国家是在会议结束时赠送礼品。应注意的是北美并不是一个有赠送礼品文化的地区，当地许多公司在礼品赠送方面有着严格的规定，尤其是对那些有采购职责的人来说，对礼品的赠送与接受尤为谨慎。

① 挪威：第一次见面时普通的礼物（如酒、巧克力）是可以接受的。

② 日本：一般来说，第一次见面就可以送礼，并且不要让对方先送，否则会丢面子。

③ 阿拉伯国家：一般不送礼，如果你与他们见了几次面，送件小礼物是可以接受的。

④ 拉丁美洲：在轻松的社交场合送礼、交换礼物是很普通的，但在商务活动中却不赠送礼品。

⑤ 香港地区和英语国家：大多数商务礼品是公司送给雇员的。

⑥ 法国：商务交往中很少交换商务礼品。

⑦ 西班牙：商务活动中一般不送礼，但做客送礼却是必不可少的，巧克力、鲜花作为礼品是比较合适的。

2）如果你在商务场合同时给几个人送礼，最好当他们同时在场时送，由职务的高低顺序来决定送礼的顺序。

3）在日本，礼品的包装和礼品本身一样重要。在日本和亚洲其他国家，赠送和接受礼品都必须用双手—— 除了泰国。在那里，你要用左手扶着的右手把礼品递送给他人。在亚洲，礼品一般在送礼者离开后才会被打开，而在欧洲和北美、南美地区，礼品可能是当着送礼者的面打开并予以适当的称赞。

（4）接受礼物（中国人）

1）先推辞再用双手捧接礼品，然后客套几句。

2）一般不当面拆开礼品的包装，若礼品是某项用具可在送礼者示意下拆开。

3）若礼品不妥，应在两天内送回并解释不接受的理由。要为对方留有余地，不要到处张扬。

馈 赠 鲜 花

当今世界，美化居室有插花，美化环境有栽花，美化心灵有赏花，美化交际有赠花。可以说，五彩缤纷的生活离不开花。人际交往中应送什么花和怎样送，这里面大有文章。

（1）数量

1）一支：适合赠予有一定私交的人，表示友谊。

2）一束：适用于一般场合，如探慰病人、拜会朋友。

3）花篮：适用于比较重大或正式的场合，如开业典礼。

（2）禁忌

1）颜色：

① 我国的风俗习惯一般忌送单一黄色或白色的花束。

② 在欧美国家，白色的花一般代表礼花，无论婚、丧均可赠送，办喜事时赠花需用红缎包扎。

2）数量：在西方不宜送 13 枝花，在日本不宜送 9 枝花。

（3）花卉语　送花礼仪指的就是你要送的花的花卉语与你所要表达的思想感情是否一致。

1）花在我国的语义：

① 向日葵：光明自由。　　② 白百合花：纯洁。

③ 梅　花：坚强刚毅。　　④ 兰　　花：正气。

⑤ 水仙花：吉祥如意。　　⑥ 牡 丹 花：富贵。

⑦ 荷　花：纯真、高洁。　　⑧ 丁　　香：爱情坚贞不渝。

2）花在欧美国家的语义：

① 刺玫瑰：优美。　　② 红康乃馨：伤心。

③ 水　仙：尊敬。　　④ 樱　　花：青春。

第四单元 办公礼仪

办公礼仪会对工作产生意想不到的影响。掌握基本的办公礼仪，能使我们适应日常工作场合的礼仪要求，从细微之处体现对他人的尊重，让每一位客人都会有宾至如归的感受，从而塑造良好的个人职业形象和企业形象。

单元提要

- 电子通信礼仪
- 办公室礼仪
- 接待礼仪
- 文书礼仪

没人愿意与一个不懂规矩的人一天八小时呆在一起！

模块一　电子通信礼仪

电子通信是一种商务交往的方式。人们通过电子通信的方式了解对方的意图、性格、情绪、表情和心境。电子通信礼仪不仅能表现出个人的自我修养，还能体现出一个企业的员工素质及管理水平。

陈先生要与 A 公司联系，但拿起电话却顺嘴说成了 B 公司。A 公司的员工一听对方要找的是自己的竞争对手，“啪”地一下就挂断了电话。陈先生回过神儿来，觉得心里很不舒服。他以前也跟接电话的这位员工联系过几次，没想到对方的温文尔雅都是装出来的，于是，他再也不想和 A 公司合作了。

小思考

如果你是 A 公司的这位员工，你会怎么做？为什么？

____

____

____

____

模块目标

➢ 掌握电话通信、手机通信、电子邮件通信、传真通信的礼仪规范。

➢ 能够正确、慎重地使用各种电子通信，使电子通信在商务活动中发挥最大的作用。

模块内容

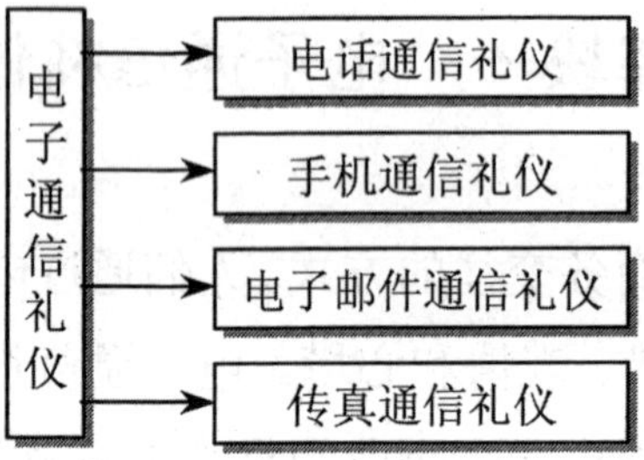

一、电话通信礼仪

1. 电话通信礼仪的原则

电话礼仪的原则即5B3T原则，如图4-1所示。

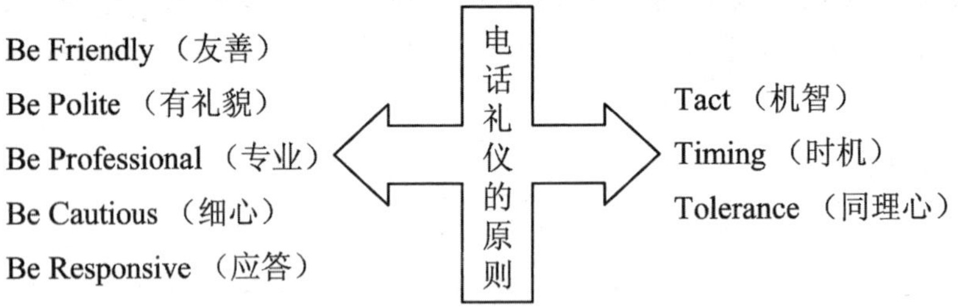

图4-1　电话通信礼仪的原则

2. 电话通信礼仪的基本技巧

（1）接听电话的技巧

1）接听电话的流程：接听电话的流程，如图4-2所示。

2）接听电话的要点：

① 及时。在电话铃响第二声时接听电话为宜。

② 超过三声还未接电话，接通电话后要致歉。

③ 准备好纸、笔。左手持听筒，右手准备好纸、笔。

④ 注意身体姿势，以保证声音清晰，音量大小要适中。

⑤ 接电话时的第一句话：“您好！××（部门）××（姓名）”。

⑥ 让对方先挂电话。

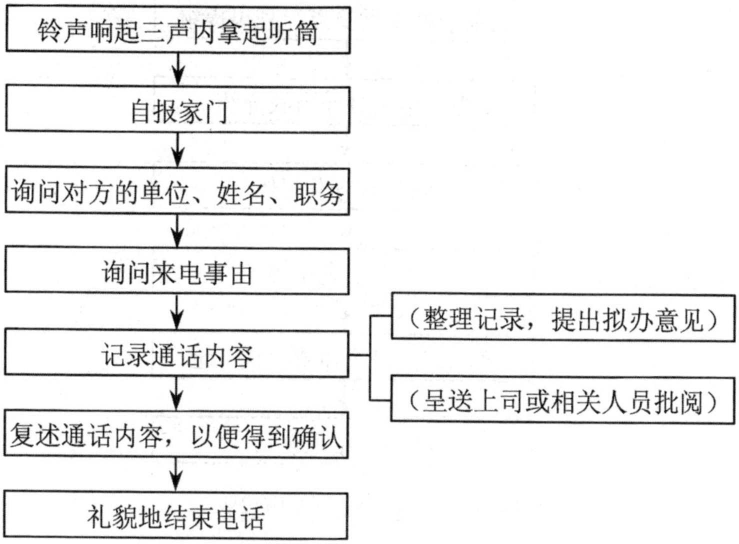

图 4-2　接听电话的流程

（2）拨打电话的技巧

1）拨打电话的流程：拨打电话的流程，如图 4-3 所示。

2）拨打电话的要点：

① 准备提纲，提纲需简明扼要。

> **提　示**
>
> **拨打电话前的准备**
>
> 1）事先准备谈话所需的资料。
>
> 2）将洽谈重点依序简要列记。
>
> 3）选好通话时机，除非紧急情况，否则不要在用餐及休息时间拨打电话。
>
> 4）要注意通话长度，接通电话后直奔主题，适可而止，有意识地将通话时间限制在 3min 以内。

② 电话拨通后，先报上自己的公司及姓名，然后请对方转接；确认接听者是自己要找的人之后再进行交谈，避免因误认人而造成的尴尬。

③ 如果拨错电话，则需要向对方道歉。

④ 通话完毕后，不忘说“再见”、“谢谢”，并等对方把电话挂断后再轻轻地挂上电话。

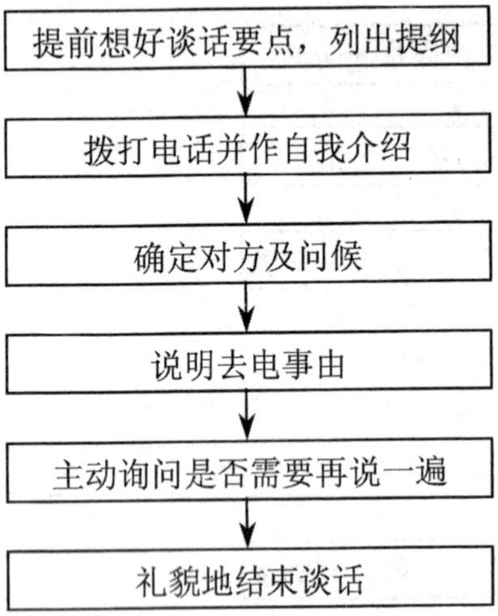

图 4-3　拨打电话的流程

（3）代接电话的技巧

1）如果对方找的人不在办公室或不在座位，可以采取以下方式。

① 请问您有急事吗？是否可以十分钟以后再打来？

② 您方便留下您的电话及姓名吗？我会通知×××，他/她会尽快给您回复。

③ 您方便留言吗？我会转告×××。

如果对方要求提供受话人的手机号码，一定先问清对方的身份，再确定是否提供。

2）如果对方要找的人在办公室，可请对方稍等，礼貌地通知受话人。

提 示

1）在对方留言或需传达信息时，对于姓名、数字、日期、时间、地点等需要重复确认，以避免不必要的信息错误。

2）听不清对方说话的内容时，不要犹豫，应立即将情况告诉对方，如“对不起，通话不清楚，您能再重复一下吗？”

3）对方来电需要在查找完资料后再回复时，最好先挂断电话，稍后再回复，避免对方长时间的电话等待。

4）如果碰到对方拨错号码时，应避免斥责，并礼貌地告知对方拨错电话了。

（4）转接电话的技巧

1）转接电话时，一定要问清对方的姓名和单位，切记要与对方重复确认需要转达的内容。

2）代客人或上司转接电话时，如果客人或上司正在开会或会客不方便接听，则首先向对方解释客人或上司不方便接听，然后婉转地劝对方过会儿再打来或礼貌地询问对方是否需要留言。如有留言，应按电话备忘录的要求做好记录。

如对方执意要通话，应记下其基本资料，请对方稍等，随后将资料写在便条上送交客人或上司，并等候吩咐。

如遇紧急情况，应请对方稍候，设法联系客人或上司以听其吩咐。

提 示

1）如果电话突然发生故障导致通话中断，在知道对方号码的情况下，务必再设法回复对方，明确解释原因。

2）遇有推销人员的电话时，告诉他负责人不在，待负责人返回后会给他回电话，并留下其电话及姓名，不要直接转接电话给负责人。

3）遇有人询问公司业务及报价时，请对方留下电话及姓名，并转达至相关负责人处，由相关负责人进行处理。

4）正在通话时有客人来访，原则上应先招待等候的客人，如果电话很重要，不能马上挂断，应告知客人稍等，并尽快结束通话。

5）打电话时不要伴随其他的声音，如笑谈声、喷嚏声、哈欠声、咕噜声、吃东西声等。

二、手机通信礼仪

1）在所有的办公场所，应自觉使手机处于振动、静音状态。

2）在公共场合打手机，说话声不要太大，以免影响他人或泄露公务、机密。

3）先拨对方的固定电话，找不到时再拨手机。

4）在双向收费的情况下，通话要简洁明了，以节约话费。

5）在嘈杂环境中，听不清楚对方声音时要说明，并让对方过一会儿再打过来或给对方打过去。

> **提　示**
>
> **使用手机的要求**
>
> ① 勿碍于人。
>
> ② 保证通畅。
>
> ③ 重视私密。
>
> ④ 确保安全。
>
> ⑤ 放置到位。

6）在特定场合（如会场、飞机上、加油站、探访病人时、驾驶汽车时等）要关闭手机或禁用手机。

7）将手机号码告知他人时应力求准确。

8）手机号码更改后应及时、主动告知于人。

9）手机暂时不使用时应加以说明。

10）携带手机外出时，应放置于适宜之处（自己随身携带的公文包、坤包内），切不可有意将自己的手机展示于人。

三、电子邮件通信礼仪

随着因特网和电子邮件在商务领域中的普及应用，电子邮件通信礼仪已经成为礼仪的一部分。电子邮件与电话交流、面对面交流不同，当收件人阅读邮件时，发送邮件的一方无法得知对方的

> **失　礼**
>
> 以下几点是失礼的行为：
>
> ① 邮件过于公式化，一成不变。
>
> ② 随便答复邮件，导致错误。
>
> ③ 盗取、偷窥他人邮件。
>
> ④ 不及时回复邮件。
>
> ⑤ 邮件带有附件时，不考虑对方能否顺利打开、阅读。

反应；单击“发送”按钮之后，也无法调整已发送的邮件内容，因此需要保证邮件内容的正确，否则就有可能会影响到与客户的关系。

1．认真撰写电子邮件

（1）态度要尊敬　当与不认识或不熟悉的人通信时，应使用正式的语气、适当的称呼和敬语。

（2）主题要明确　使用简单易懂的主题行，以准确传达电子邮件的要点。

（3）语言要流畅　电子邮件要便于阅读，就要力求语言流畅、措辞正确，尽量别写生僻字、异体字。引用数据、资料时，最好标明出处，以便收件人核对。避免幽默、随意或俚语等易被人误解的表达。

（4）内容要简洁　工作的时间是极为宝贵的，邮件内容要简明扼要。

2．避免滥用电子邮件

在信息社会中，任何人的时间都是无比珍贵的。常言道：“在工作交往中要尊重一个人，首先就要懂得替他节省时间。”有鉴于此，若无必要，轻易不要向他人乱发电子邮件。尤其是不要用电子邮件与他人谈天说地，或只是为了检验一下自己的电子邮件能否成功地发出等。目前，有不少职业人员时常会因为自己的电子信箱中堆满了无聊的电子邮件，甚至是陌生人的电子邮件而烦心不堪。对其进行处理，不仅会浪费时间和精力，而且还有可能会耽搁正事。

3．慎选电子邮件功能

现在市场上所提供的先进的电子邮件软件有多种字体备用，甚至还有各种信纸可供使用者选择，这固然可以强化电子邮件的个人特色，但是此类功能是必须慎用的。这主要是因为，一方面，对电子邮件修饰过多，难免会使其容量增大，收发时间增长，既浪费时间又浪费金钱，而且往往会给人以华而不实之感；另一方面，电子邮件的收件人

所拥有的软件不一定能够支持上述功能，这样一来，对方所收到的电子邮件就很有可能会大大地背离发件人的初衷，因而使之前功尽弃。

4. 降低传播病毒的风险

一般来说，最好发送纯文本的电子邮件，并且事先未经许可，不要发送带附件的电子邮件。此外，还要保证杀毒软件的及时更新。

5. 提供完整的联系人信息

使用具有完整的联系人信息的电子邮件签名或电子名片，包括电话号码和公司名称。在发送之前，进行拼写检查并通读邮件，以避免存在语法错误或其他问题。

6. 提前通知收件人

尽量在发送邮件以前得到对方的允许，或者至少让对方知道有邮件发送过去，确认邮件对对方确有价值。

7. 及时确认收到邮件

收到合法发件人（非垃圾邮件发件人）的电子邮件时，即使无法立即提供一个完整的答复，也务必在 24h 内向发件人确认收到邮件。如果需要外出 24h 以上，则需使用自动回复功能。

8. 忌发私人或者机密邮件

利用网络办公时所撰写的必须是公务邮件，不可将单位邮箱用于私人联系，不得将本单位邮箱的地址告诉亲朋好友。要保守机密，不可发送涉及单位或客户机密内容的邮件，不得将本单位邮箱的密码转告他人。

9. 小心使用附件功能

附件越大，下载的时间就越长，占用收件人的电脑空间就越多。

四、传真通信礼仪

传真在远程通信上可取代邮递，它传达的信息远远大于电话，必须

做到合法使用、得法使用、依礼使用传真。

1．合法使用

任何单位或个人在使用自备的传真设备时，均须严格按照电信部门的有关要求，认真履行必要的使用手续，否则即为非法之举。

2．得法使用

使用传真设备时，必须在具体的操作上力求标准、规范，并以提高清晰度为要旨。与此同时，要注意使其内容简明扼要，以节省费用、提高效率。

3．依礼使用

1）传真首页：注意传真首页，检查及落实所有必要的信息，应该在传真首页上注明传送者和接收者双方的单位名称、人员姓名、日期、总页数等。

2）传真信件：传真信件的时候，必须像写信一样有礼貌，必要的称呼、问候语、签字、敬语、致谢语等均不可缺少。尤其是信尾的签字常常被忽略，这是不太礼貌的，因为签字代表这封信是传送者知道并且同意才发出的，不是别人冒名发送的。

3）公章的使用：传真盖有公章的文字材料时，必须要把章盖得清晰，颜色要鲜艳，这样传真过去后才可以看清楚。

4）规范传真用纸：最规范的传真用纸是A4白色纸。不要用其他颜色的纸，否则既不规范又会延长传真机扫描的时间，而且发过去后也会影响传真效果。

5）确认传真：在发送传真前，致电收件人进行确认；在发送完毕后，再电话确认是否已收到，清晰与否。

6）注意字号：传真的材料，应该比普通打印的文件字体大一点，以保证传真过去的文字清晰，方便阅读。

7）注意语言：发送传真时，语言要礼貌，不要生硬，不要说“给我个信号，我要发传真。”在发送传真时，一般不可缺少必要的问候语与致谢语。

8）注意时间：收到他人的传真后，应当在第一时间采用适当的方式告知对方，以免对方惦念不已。需要办理或转交、转送他人发来的传真时，千万不可拖延时间，耽误对方的要事。

模块小结

随着现代文明的发展，电子通信已经成为信息及时传递的重要工具之一。但是，如果在使用电子通信时不遵循必要的礼仪，不但会影响自己的形象，还可能有损企业的对外形象。因此，只有掌握了电子通信的基本礼仪，才有利于提高企业的良好形象，为企业带来更大的效益。

体验活动

活动一　考考你

1．以下的电话礼仪用语是错误的，请你进行纠正。

错　误	正　确	错　误	正　确
你找谁？		喂！	
有什么事？		不行了。	
你是谁？		我告诉你。	
不知道！		我反对！	
我问过了，他不在！		没这个人！	
你等一下，我要接个别的电话。		你还要怎样？	

（续）

错　误	正　确	错　误	正　确
干什么？		今天没办法。	
我听不懂了！		不对！	
不行就是不行！		规定就是这样！	

2．假设你正在通过电话与客户谈生意，另一部电话突然响起，你该如何处理？

3．当发送传真和接收传真时刚好有同事或朋友来找你，你如何处理？

4．当你正在发一份传真时，由于某种原因，领导改变了主意，让你马上中断传真，你如何处理？

5．如果电话是你接的，所找之人是你的同事，但他恰巧不在。请你简要设计一份电话记录。

6．请你根据题目要求回答问题。

在下列场合中，应该关闭手机的打“×”，应该把手机调整为静音或振动的打“○”，基本没有限制、只需稍加注意的打“√”。

音乐会	股东年会	开幕式主席台	加油站	飞机飞行途中
行驶的火车上	参观画展	学校课堂上	重病房	公司办公室

活动二　情境实训

根据以下场景分组进行情节设计，并进行表演。

1）接到客户抱怨电话，并且你已经向这位客户耐心地作出了解释，

但这个客户依旧得理不饶人，数落不停。

2）总经理正在主持会议，但对方表示情况非常紧急，一定要与总经理通话。

3）要转接的同事正好上厕所。

知识拓展

英文电话处理

- 请稍等。

  One moment, please.

  Hold on, please.

- 对不起，×××现在不在办公室。

  I am sorry, ×××is not in the office now.

  Sorry, ××× just left the office.

- 对不起，×××正在开会。

  I am sorry, ××× is in a meeting.

- 对不起，他/她的电话正在占线。

  Sorry, his/her line is busy.

- 请问您贵姓？

  Who is speaking, please.

  May I have your name, please.

- 您想留言吗？

  Would you like to leave a message?

- 您可以过×××分钟再打吗？

  Would you call her / him about×××minutes later?

- 对不起，我没听懂，您能再讲一次吗？/您能讲慢一些吗？

Pardon, I did not get you. Would you say it again please? / Would you speak slowly please?

- 您能拼一下您的名字吗？

  How to spell your name, please?

- 谢谢您的电话，再见。

  Thanks for your calling, bye bye.

- 没关系（当对方表示感谢时）。

  You are welcome.

模块二　办公室礼仪

办公室礼仪不但意味着礼貌，它还能使人们高效地工作，有助于消除涣散的精神，可以创造一个愉快的工作氛围，使人在工作中充分发挥其潜力。

小青是一位新应聘来的职业院校毕业生，她工作勤恳、认真，为人热情，但是大家都不太喜欢她。这是为什么呢？请看以下两个场景。

场景一：

某天中午休息时间，小青冲了一杯咖啡送到宁姐桌前，正巧宁姐正在电脑前修改女儿的照片，小青马上抢过鼠标说“让我看看。”她一边看一边说“怎么你女儿没你长得漂亮，你先生也不够帅……”

场景二：

小青接到一个电话，“帮我叫一下小覃。”小青听出是局长的声音，她赶紧把小覃叫来，自己就在不远处竖起耳朵听电话，她听到小覃说“好，我马上去您办公室。”于是，小青立即跑到王大姐那里说“王大姐，局长叫小覃去一趟，一定是他那天喝醉酒打人的事被局长知道了，这还不得严厉处分，弄不好得开除呢。”过了几天，单位里都在传小覃

喝醉酒打人被局长狠狠地批评了。

小思考

你知道大家为什么不喜欢她吗？

____

____

____

____

模块目标

- 了解办公室环境布置的要求。
- 掌握办公室人员的礼仪规范。
- 学会处理办公室的人际关系，建立相互尊重的友好关系。

模块内容

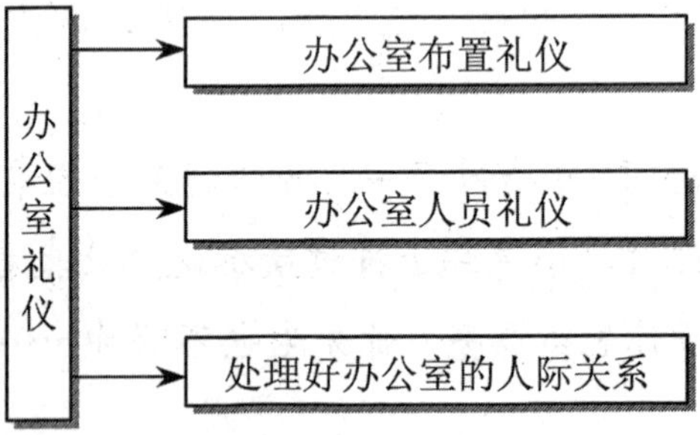

一、办公室布置礼仪

办公室是企业的门面，是来访者对企业的第一印象。办公室的设计风格应该是严肃、整洁、高雅、安全的。办公室应保持整洁，给人以高雅、宁静的感觉。

1）办公室要保持窗明几净、空气清新，要及时清理废弃物，经常

拖扫、擦洗办公物品，经常开窗通风，非特殊情况下不拉窗帘。

2）个人办公桌需保持整洁，非办公用品不外露，桌面资料需码放整齐。

3）不在办公设施上乱写、乱画、乱贴，需要在办公室内张贴的文件纸张等应固定贴在某一块区域，保持整齐美观。

4）办公室的绿色植物可以净化空气、调节情绪，需定期浇水，保持葱绿茂盛。

5）不在办公区吸烟、扎堆聊天、大声喧哗。

二、办公室人员礼仪

1）仪表端庄，仪容整洁，言语友善，举止优雅，个人形象应与办公室礼仪相符。

2）办公时间不大声谈笑，交流时应起身走近，声音以不影响其他人员为宜。

3）不在办公室堆放自己的私人物品，不占用公共空间。

失　礼

以下几点是失礼的行为：

① 在办公室喧哗及说笑聊天。

② 非用餐时间在办公室吃东西。

③ 工作时间处理个人事务。

④ 工作时间长时间接打私人电话。

⑤ 态度冷漠，无动于衷。

4）不随意探视他人案头的工作，他人不在时不动他人的东西。

5）领导、来宾进来时，需起立、主动打招呼。

6）不随便耽搁、拖延同事或者访客的时间，对其他同事的访客要积极热情。

7）进入其他办公室时，需敲门并获许可才可进入，不擅自带外来无关人员进入办公室。

8）与别人谈话时尽量放下手中的工作。

9）与同事和谐相处。

10）集体办公时，为方便同事进出，当有事离开自己的座位时，应主动将座椅推回办公桌内。

11）饮水时，如果不是接待客人，建议使用个人水杯，减少一次性水杯的浪费。饮用水不作其他用途。

12）不干扰同事工作，不占用办公电话聊天，不在办公室毫无顾忌地接听私人电话。

13）最后离开办公室时，应自觉关闭所有电器，关好门窗。

14）办公期间需紧急外出时，应向直接主管请示，告知外出事由、用时多少、联系方式等。若主管不在，可请同事代为转告。

三、处理好办公室的人际关系

1．与同事相处的礼仪

1）同事之间应相互尊重、相互关心。

2）年少者应虚心向年长者求教，以尽快提高自己的工作能力。

3）年长者要关心爱护年少者，学习他们身上的长处。

4）同事之间要相互照顾、相互帮助。

5）请求同事帮忙时要用商量的口吻，事成之后要诚心地表示感谢。

6）同事相处要以大局为重，求同存异。

7）在工作上发生分歧时，态度要冷静，虚心地听对方解释自己的意见。

8）同事之间不能以自己为标准去苛求别人。

2．与上司相处的礼仪

1）感情上要高度尊重，组织上要高度服从，而不是表面上的谦恭和服从。

2）工作上，下属要自觉服从上司的正确领导和指挥。

3）在上司遇到困难时，下属应协助解决，而不能拆台。

4）上司不了解情况时，要帮助他们了解情况，以辅佐其工作。

5）当上司和同事有矛盾时，要积极从中调解、解释。

6）如果与上司发生意见分歧，不要当面顶撞上司，而应从尊重上

司、维护上司威信的角度出发，婉转地表达自己的意见和看法。

7）如果遇到不关心下属、以权压人甚至给人“穿小鞋”的上司时，也不要消极怠工或到处发泄。

8）学会在矛盾激化时化解矛盾。

3．与下属相处的礼仪

1）上司应率先垂范，以身作则。“己所不欲，勿施于人”，做到对下属既关心爱护，又严格管理和要求。

2）在管理过程中，上司要态度和蔼、平心静气，接待下属时要热情，对下属反映的意见和问题要仔细倾听、耐心解释、合理解决。

3）上司对下属的生活要关心，但对下属的私事则不应干涉。

4）对下属的错误要给予批评指正，同时要欢迎下属给自己提出意见，只有这样才能体现出领导者的风范。

5）平等对待下属，忌拉帮结伙、任人唯亲，要唯才是举。

6）要信任下属。

模块小结

办公室礼仪是指职业人员在从事办公室工作中尊敬他人、讲究礼节的程序和规范。办公室是职业人员从事商务活动的主要场所，现代办公室以其综合性、广泛性、程序性等特性成为了一个重要的礼仪场所。

体验活动

活动　情境实训

分组设计三个对话情境，分别体现出与同事相处的礼仪、与上司相处的礼仪、与下属相处的礼仪。

模块三　接 待 礼 仪

接待活动大多是在办公室进行的。接待技巧要圆熟，而且要诚心诚意地对待客人，接待人员的一举一动都会影响客人对公司的印象。学习接待礼仪有利于提高服务人员的个人素质，更好地对服务对象表示尊重，塑造并维护公司的整体形象，使公司创造出更好的经济效益和社会效益。

林先生从香港来A城处理公务，公务处理得非常顺利，于是他决定顺道拜访在 A 城的多年没有见面的老同学、好朋友——刘总。可是，当他找到刘总的公司并向前台人员小丽说明情况时，小丽回答：“刘总今早特别吩咐，他今天有非常重要的公务要处理，概不见客，概不接电话。”林先生说：“那您让我和他通一下电话可以吗？”小丽非常坚决地说：“不行，我是按刘总的吩咐执行的。”恰在这时，刘总的助理外出回来，看到了这一情景并向刘总进行了汇报。不一会儿，只见刘总激动地走出来，紧紧地握住林先生的手，并把林先生请进办公室。

事后，刘总责怪小丽怠慢了客人。小丽觉得委屈极了。

小思考

小丽为什么会觉得委屈？如果你是小丽，你会怎么做？

模块目标

- 了解接待礼仪的内容和要求。
- 掌握接待工作的流程和礼仪，使自己具备接待人员所应具备的职业素养与技能，更好地展现个人及企业的整体形象与精神风貌。

模块内容

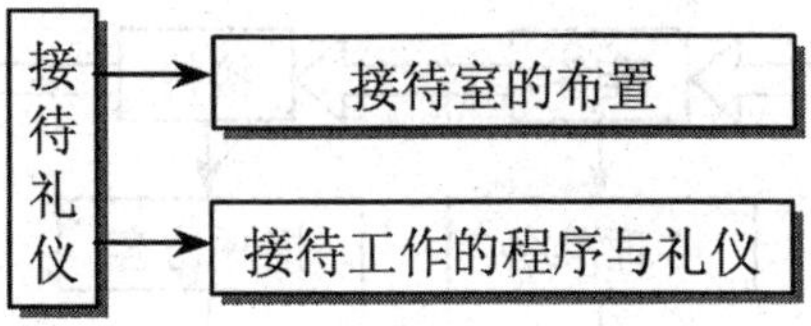

一、接待室的布置

1. 接待室的准备工作

1）检查窗户是否通风。

2）检查地上是否有烟灰、纸屑。

3）检查会客桌是否已擦干净。

4）检查沙发是否整齐、清洁。

5）检查墙上挂钟的时间是否准确。

> **提　示**
>
> ① 接近入口处为下座，入口处的对面是上座。
>
> ② 有椅子与沙发两种座位时，沙发是上座。
>
> ③ 如果室内有一边是窗，能看见窗外景色的位置为上座。
>
> ④ 西洋式的房间，有暖炉或装饰物在前的位置是上座。

2. 接待室座次顺序的礼仪

第一，面门为上；第二，居中为上；第三，以右为上；第四，前排为上；第五，以远为上。方形桌座次顺序，如图 4-4 所示。圆形桌座次顺序，如图 4-5 所示。图 4-4、图 4-5 中 A 表示上座，其次为B、C、D。

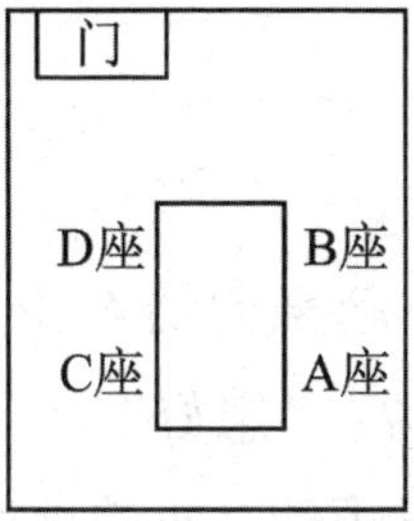

图 4-4　方形桌座次顺序

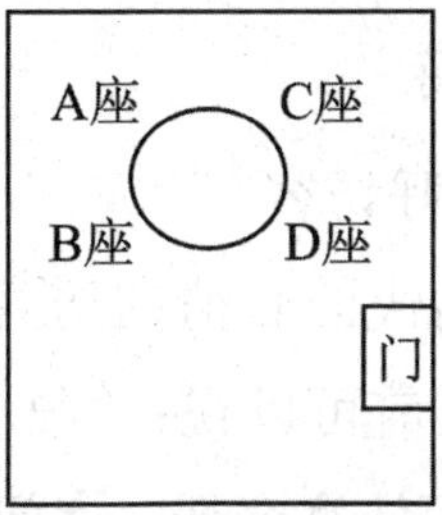

图 4-5　圆形桌座次顺序

二、接待工作的程序与礼仪

接待工作的流程图，如图 4-6 所示。

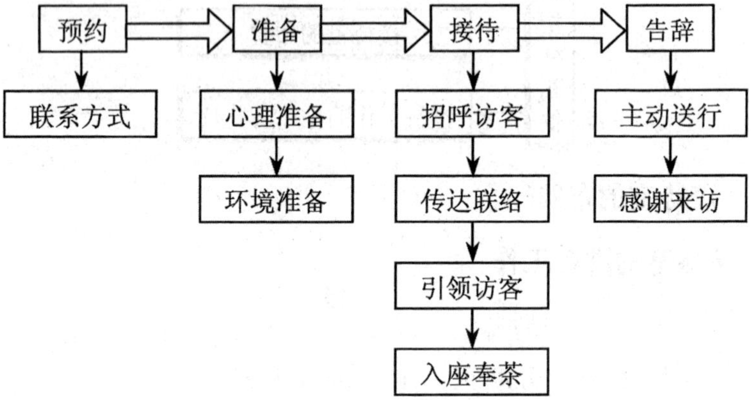

图 4-6　接待工作的流程图

1. 预约

尽量给客人详细的联系方式，如办公电话、手机、详细地址等。

2. 准备

1）做好必要的心理准备，安排好当天的工作表。

2）保持接待区整洁、有序，接待所需用品放在易于取用的地方，准备好饮用水和纸杯等。

3）确保访客从入口进来后，能清楚地知道接待处的位置。

3. 接待

（1）招呼访客

1）以愉快的心情向访客打招呼：必须站起来向访客说声：“欢迎！”中午十一点前可以说：“早安！”午后可以说：“您好！”

2）填写访客名册：询问对方事前是否已预约。礼貌地请他们签名，

并请他们佩挂宾客名牌。

（2）传达联络　当清楚对方的公司名称及姓名后，便向访客说一声：“请稍等一下，我立刻通知×××先生（或女士）。”然后立即与有关人员联络。

> **提　示**
>
> 不能忽视的要点是，引领开始时向访客说一声：“对不起，令您久候了。”

（3）引领访客

1）走廊上：走在访客左前方2～3步，当访客走在走廊的正中央时，接待人员要走在走廊的一旁，偶尔向后望，确认访客跟上了。当转弯时，接待人员要说：“往这边走。”

2）楼梯上：接待人员先说一声：“在×××楼。”然后引领访客到楼上。一般来说，高的位置代表尊贵。上楼时应该让访客先走，下楼时让访客后行。在上下楼梯时，不应并排行走，而应当右侧上行，左侧下行。

3）电梯内：先按电梯按钮，让访客先进。若访客不止一人时，接待人员可先进电梯，一手按住“开”按钮，一手按住电梯侧门，对访客礼貌地说：“请进！”入电梯后，按下访客要去的楼层数，侧身面对访客。如无旁人，可略做寒暄。如有他人，应主动询问去几楼，并帮忙按下。到目的地后，一手按住“开”按钮，一手做请出的动作，并说：“到了，您先请！” 访客走出电梯后，接待人员立即走出电梯，在访客前面引导方向。

4）开门：向外开门时，把住门把手，站在门旁让访客先进；向内开门时，接待人员先进入房间，侧身把住门把手，请访客入内。

5）关门：关门前，需鞠躬告辞，退身出门，并轻关轻带上门。

（4）入座奉茶（或咖啡）　入座奉茶（或咖啡）的步骤，如图 4-7 所示。

步骤	内容
步骤1 准备好器具	1）准备好杯子、杯垫、托盘、奶精、糖、抹布等器具 2）器具一定要注意清洗干净，检查每个茶杯的杯身花样是否相同
步骤2 将茶（或咖啡）等用品放在托盘上	1）不管份数多少，一律使用托盘端送 2）右手拿抹布，以便茶（或咖啡）不小心洒在桌面上时可以立刻擦拭
步骤3 先将托盘放在桌上，再端送给访客	1）若会客室有门，先敲门再进入 2）面带笑容，点头示意
步骤4 奉茶（或咖啡）时，访客优先	1）访客优先 2）若访客及主人不止一人时，依职位的高低顺序进行奉茶（或咖啡）；不分职位时，按由近及远、先女士后男士的顺序进行奉茶（或咖啡）
步骤5 留意奉茶（或咖啡）的动作	1）双手捧起茶杯（或咖啡杯），视状况可从访客的正面奉上，或走到访客的斜后方，从访客的右侧面奉上 2）若使用糖罐或奶精罐时，应放在大家方便取用之处
步骤6 拿起托盘推出会客室	双手拿起托盘，后退一步，鞠躬致意或轻声说一句“打扰了”，然后退出

图 4-7　入座奉茶（或咖啡）的步骤

4．告辞

> **提　示**
>
> ① 不使用有缺口的杯子。
>
> ② 茶水的温度以 80° 为宜。
>
> ③ 注意茶水量大约为茶杯容量的六至七成。
>
> ④ 注意每一杯茶的浓度要一样。
>
> ⑤ 检查杯数与人数是否相同。
>
> ⑥ 倒茶时从身份高的访客开始。

1）访客告辞，根据需要主动送出，并感谢访客的来访，向他们说一声：“谢谢您的光临。”在适当的时候与访客握手告别。

2）如果需要送访客至电梯前，则在访客到达电梯之前应替访客按好电梯按钮，当访客进入电

梯后，在门未关闭前，向访客告别。

3）目送访客消失在自己的视线之外。

4）利用车辆送访客。如果客人需要叫出租车，则接待人员应先将访客带至门前等候。截停车后，替访客打开车门，然后一手固定车门，一手示意他们进入，并说：“请！”访客入座后，把车门关上。这时，接待人员不要立即离去，应站在原地与访客挥手告别，直到汽车远去。如果需要亲自开车送客时，则需遵守汽车座次的礼仪规范。

模块小结

接待人员的接待水准主要体现在接待态度、服装打扮、礼貌及说话技巧上。掌握接待礼仪的规范，可以提高接待人员的个人素质，使之更好地对服务对象表示尊重，塑造并维护公司的整体形象，使公司创造出更好的经济效益和社会效益。

体验活动

活动　情境实训

按下列要求分组做接待访客的练习。

要求具备以下环节：

1）由公司接待人员接待。

2）与上司核实客户信息。

3）引领、引见访客。

4）宾主双方介绍。

5）握手。

6）互换名片。

7）奉上咖啡或饮料、茶等。

8）宾主洽谈。

9）送客。

模块四　文 书 礼 仪

文书礼仪是指在礼仪交往活动中，机关、单位或个人使用的各种应用文书的礼节规范。礼仪文书既是用以沟通信息的主要途径，也是礼仪在精神和意识方面的体现。有专家指出："以书面语言表达的礼仪文书，是最正式、最郑重的。"

A公司将于下周五晚上举行客户联谊会，公司老总叫小朱拟写邀请函，并提前一周发送给客户。小朱拟写的邀请函如下：

邀　请　函

尊敬的__________（先生/女士）：

您好！为感谢您长期对我公司作出的贡献，我公司将于 2009 年 4 月 24 日举办客户联谊活动，特邀您参加，谢谢。

A单位

2009年4月14日

可是，就在小朱将邀请函发送后的第二天，就有许多客户打电话向他咨询一个关于参加联谊会的问题。小朱这时才意识到邀请函上的错误。

小思考

你知道客人向小朱咨询的问题吗？如果你是小朱，这时你该怎么办？

____

____

____

模块目标

➢ 懂得基本的文书礼仪，能在各种场合灵活运用文书礼仪进行交际沟通。

➢ 掌握不同类型礼仪文书的书写规定，能在纸面上做到礼貌周到、有礼有节。

模块内容

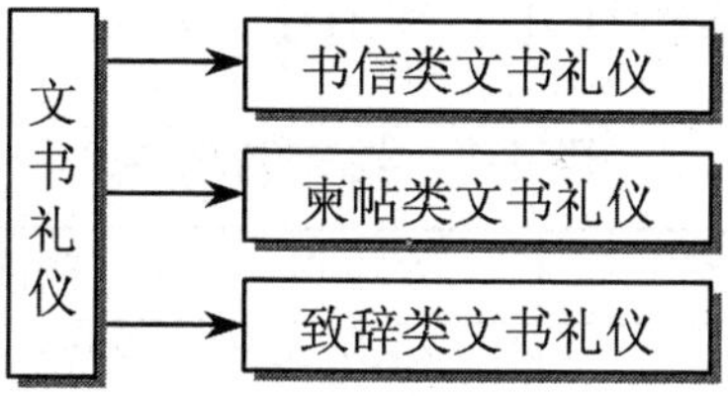

一、书信类文书礼仪

书信是用来沟通音信、商定事宜、交涉事物、研究问题、联络友谊、交流思想感情的重要交际工具，是在生活中用文字形式按照一定格式与对方进行交流的一种应用文体。它是人们在日常生活中使用最为普遍的一种书面交往形式。由于历史悠久、使用广泛，所以它在礼仪方面的要求特别多，礼仪的形式也格外完备。

1．书信的写法

书信虽然是一种个人性很强的应用文，写法上也比较灵活，但书信还是应该遵循一定的要求，最基本的要求可概括为以下两点。

> **提　示**
>
> ① 书写要用黑色、蓝色笔，不要用铅笔书写，更不要用红色笔书写，因为红色笔表示绝交。
>
> ② 打印信件要亲笔签名。

（1）必须合乎规范　书信写作的规范突出地表现为两个方面：一是书写格式的规范，二是书信语言的礼

仪规范。这两个方面的规范都必须严格遵守，否则就会出乱子、闹笑话。

（2）言之有物，通情达理　“信”字本身含有信任之义，这要求书信不论写给谁看，所述之事都要实在，所表之情都要率真，所讲之理都要通达。

2．书信的构成

书信由信瓤及信封两部分构成。

（1）信瓤　即笺文，是指写在信笺上的文字，也就是寄信人对收信人的招呼、问候、对话、祝颂等。笺文是书信内容的主体，书信的繁简、俗雅及其他方面的风格特征几乎都由笺文决定。笺文的结构，见表4-1。

表4-1　笺文的结构

	结构组成	范例/说明
首部	一、称谓	“李经理”、“黄先生”、“高老”……
	二、提称语	“赐鉴”、“青鉴”、“尊鉴”、“钧鉴”、“台鉴”、“勋鉴”……
	三、启事敬语	“谨启者”、“敬启者”、“兹肃者”、“敬恳者”、“敬托者”、“兹恳者”……
	四、开头寒暄语	“您好”、“一别数月，殊深思念”……
中部	五、正文	对收信人要说的话，要商量、办理的事，要表示的思想感情等，都要在这里写出来
尾部	六、结尾应酬和敬语	“所托之事，还望概允”、“上述种种，尊意以为可否”、“多有烦劳，来日面谢”、“敬请回复”……
	七、问候祝颂	“祝您健康”、“恭祝近安”、“顺颂商祺”……
	八、自称、署名、礼告敬辞、时间（也可加写信地点）	×××启上 2009年4月9日于南宁
	九、附言与补述	有时，写完后又想起别的事情，可以在信末再写附言与补述。附言前要写“又及”、“又”、“另”之类的文字，以为提示

（2）信封　信封的内容有以下几点。

1）收信人的地址，可以是住址或服务机关、学校、厂、店地址等及其邮政编码。

2）收信人的姓名。

3）启封辞是请收信人拆封的礼貌用语，它表示发信人对收信人的感情和态度，通常用“启”、“钧启”、“赐启”等。

4）发信人的地址、姓名。

5）如果托人带信，还要在信封上书写托带语和拜托词，如“烦交”、“面交”、“拜交”、“面呈”。

开窗信封的用法一般是信封上不写字，收信人的地址、姓名打印在信纸上，信纸上印有折叠线，折叠后可保证将收信人的地址、姓名等内容从窗口中露出，以便投递。

二、柬帖类文书礼仪

柬贴类文书是请柬（邀请函）、吊柬、明信片、聘书、贺信、贺电等的通称。

1．柬帖类文书的特点

1）篇幅短小，文字简洁。

2）语言婉转，用字典雅。

3）装帧精美，印刷得体。

4）时效性强，发送及时。

2．三种主要的柬贴

（1）请柬　请柬也称柬帖、请帖，是邀请个人或组织参加某个活动的书面通知。“请”即邀请、约请之意；“柬”是信、帖子等的统称，也称“简”。凡遇重大、隆重的事情，才可应用请柬邀请宾客。请柬一般制作精美、语句短小、讲究礼貌。请柬，如图 4-8 所示；请柬的格式，见表 4-2。

表 4-2　请柬的格式

结构	例　　文	写 作 要 求
封面	请　　柬	请柬一般为对折式，封面用大字在中间写“请柬”两字
	××公司南宁办事处（不加邀请者姓名）：	称呼写在第一行，要顶格写，以示礼貌
	为欢迎公司董事长×××及夫人访华，谨定于××××年××月××日晚 6:30 在××××宴会厅举行酒会及晚宴！	正文要写明邀请的原因、活动内容、具体的时间、具体的地点以及要求等
内文	敬请	正文之后空两格写“敬请”
	光临	另起一行，顶格写“光临”，也可另起一行写“敬请光临”
	××××中国有限公司	署名
	××××年××月××日	日期
	如蒙出席，请回电×××××××	有其他的事项，可以写附言，如“附电影票×张”、“附入场券×张”、“席次：第×桌”等

（2）聘书　聘书是聘请书的简称，是用于聘请某些有专业特长或名望权威的人完成某项任务或担任某种职务时的书信文体书，如图 4-9 所示；聘书的格式，见表 4-3。

图 4-8　请柬

图 4-9　聘书

表 4-3 聘书的格式

结构	例文	写作要求
标题	聘书	聘书一般是印刷好的，在封面上印有“聘书”两字，字号较大，制作美观、大方。书写的聘书在用纸的第一行中间需书写“聘书”或“聘请书”字样
正文	×××先生： 为维护公司的合法权益，特聘请××市律师事务所××律师担任本公司常年法律顾问，负责办理本公司一切对外法律事务。	第一行顶格写聘请人的姓名、称呼，如“×××先生”、“×××同志”等，也可第一行空两格写“兹聘请×××先生”，接着写聘请他担任什么职务或做什么工作，期限多久，待遇多少等
结尾	此聘	有的聘书在结尾处另起一行写“此聘”两字，有的什么都不写
署名	××市××旅游公司 （公章）	一般在正文后边，另起一行偏右处署上聘请单位的名称，并盖上公章
日期	××××年××月 ××日	聘请单位名称后，另起一行写上年、月、日

（3）贺信　贺信是向对方表示祝贺、赞誉的礼仪文书，常用于集会、节日、庆典、竣工、就任、寿辰等场合。现在，社会交往日益频繁，人际关系的重要性日益被人们所认识。人们之间经常通过某种形式相互勉励、相互支持，甚至一个小小的问候都可以起到加深友谊、联络感情、沟通思想、消除误会的作用，贺信正是这种联系情谊的纽带，如图 4-10 所示；贺信的格式，见表 4-4。

表 4-4　贺信的格式

结构	例　　文	写 作 要 求
标题	教师节贺信	贺信的标题通常由文种名构成，如在第一行正中书写“贺信”两字
称呼	全体教职员工：	称呼写在标题下面一行，要顶格，并加冒号
正文	金秋九月，秋风送爽，丹桂飘香，我们迎来了第二十四个教师节。回眸春雨桃李花开日，感受秋风硕果累累时，在这充满收获和希望的季节里，学校真诚地向工作在教学教育岗位上的全体教师致以崇高的敬意和节日的祝贺，真诚地祝愿所有的老师教师节快乐！ 教师是蓝天下最平凡的职业，教育是太阳下最光辉的事业。我们以自己平凡而艰辛的劳作，为莘莘学子的终生铺路，为千万家庭的幸福添彩，为十亿神州的辉煌奠基。教学中，你们亲自悉心指导，注重实践，致力于培养学生的职业能力；生活中，你们热情关怀，言传身教，成为学生们可以依赖的温厚长者、为人处世的巍巍典范。有了您们的辛劳与奉献，才有×××学校的发展与壮大；有了您们的辛劳与奉献，才有×××学校事业的传承与辉煌；有了您们的辛劳与奉献，才有人类文明的进步和延续。老师们，您辛苦了！	另起一行，空两格开始写起。正文通常写对方所取得的成绩及其意义、作用等。如果是会议，可写会议召开的意义、必要性等。如果是寿辰，可写其贡献、品德等。然后表示热烈的祝贺，要写出自己祝贺的心情，由衷地表达自己真诚的慰问和祝福，还要写些鼓励的话，提出希望和共同理想
结尾	教师节里，让我们奉上最诚挚的祝福和最美好的祝愿，愿×××学校全体老师身体健康、工作顺利、精神愉快、阖家幸福！	结尾要写上祝愿的话，如“祝××××圆满成功”、“祝××××取得更大的胜利”、“祝您健康长寿”等
落款	校长：××× 2008 年 9 月 10 日	写明发文的单位名称或个人姓名，并署上成文的时间

××杂志社创刊30周年贺信

××杂志社：

值此××杂志社创刊30周年之际，谨向杂志社全体同志表示热烈的祝贺！

××杂志社创办30年来，你们辛勤耕耘，自主创新，日益壮大，与时代同行，和百姓同心，杂志办得有声有色，精彩纷呈，深受读者喜爱，杂志社的各项事业蓬勃发展，红红火火，蒸蒸日上，走在前列。

希望以30周年社庆为契机，不断开拓进取，实现科学发展，扩大影响力，办出新水平，为繁荣我市的新闻出版事业做出更大的贡献！

中共××市委宣传部

2009年3月1日

图4-10　贺信

三、致辞类文书礼仪

致辞也称致词，是指在举行某种仪式时所说的勉励、感谢、祝贺、哀悼的话。

1．礼仪致辞的特点

礼仪致辞的特点是切境、上口、适体。

2．礼仪致辞的种类

（1）欢迎词、欢送词和答谢词　欢迎词、欢送词是隆重集会上迎送宾客时，主人对宾客表示欢迎、欢送的讲话；答谢词是宾客对主人的款待表示感谢的讲话。

欢迎词、欢送词和答谢词的写作格式，包括标题、称呼、正文、结尾四个部分。

1）标题：标题可以直接写“欢迎词”三个字，也可以把致辞的时间、场合、迎送的人物写入标题，如“在国庆招待会上的欢迎词”、“在欢迎×××总统宴会上的讲话”、“在告别宴会上的答谢词”等。

2）称呼：在标题下一行顶格写称呼，称呼要写明名字和职位。名字的写法要注意对方的习俗；在职位后面，一般还要加上“阁下”、“先生”、“同志”等。为了表示尊敬，在称呼之前还可以加上如“尊敬的”等词语。

3）正文：正文一般可分为三段。第一段，写时间、背景、场合、情绪和欢迎（送）的祈愿等，如“今天，在山清水秀、景色宜人的××××，嘉宾云集，欢聚一堂。我们××市××××交流会隆重开幕了。在此，我谨代表××××并以我个人的名义，向光临大会的各位嘉宾，表示热烈的欢迎和衷心的感谢。”第二段是主体，主要写会议的目的、意义、愿望，主人的态度、承诺，或写所迎送客人的贡献、作为以及对客人的评价、赞赏等。第三段写希望、决心、祝愿等，如果是答谢词，应当表示一下对主人的感谢。

4）结尾：结尾应用热情洋溢的话语，或表示感谢，或表示祝贺，或表示欢迎（送），或表示惜别等，最后用“谢谢”结束讲话。

欢迎词、欢送词和答谢词的写作要注重感情热烈，尊重对方，讲究礼仪，表达真切。由于是用在隆重场合的朗诵文稿，所以文字要讲究文采，句型要较短，表述要生动，更要注意连贯流畅、琅琅上口。

（2）祝酒词、祝贺词　在规格较高的正式宴会上，主人要致祝酒词。在一般的小型私人聚餐时，主人也要在饮酒之前说几句表示祝福、感谢、希望的话，表达自己的心意。在宴会上，通过祝酒词，可以进一步沟通感情、融洽气氛，使宴会取得更好的效果。

正式的祝酒词一般有四个部分：标题、称呼、正文、结尾。

1）标题：标题可以只写“祝酒词”三个字，也可以在前面加上在什么场合等文字，如“在欢迎×××代表团宴会上的讲话”。

2）称呼：祝酒词的称呼要照顾全面，还要显得亲切。称呼按先外后内、先高后低、先女后男、先远后近的顺序排列，尽可能照顾周到。具体的写法与欢迎词、欢送词和答谢词的称呼写法雷同。

3）正文：正文可分为三部分。第一部分表示欢迎、欢送、问候、感谢等。第二部分是主体部分，要写实质性内容，如双方的合作、友谊，会谈、会见的历程、成果、发展、意义或对对方态度的称赞、感谢等，还可以对对方的成就和一贯的友好态度等给以肯定和赞誉。第三部分写祝愿、希望。

4）结尾：结尾需要写些对宾客表示良好祝愿的话，如“请允许我提议为×××而干杯。”

写祝酒词，要根据对象、场合、双方关系的融洽程度以及此前相关事务进展等情况考虑措辞。一般来说，祝酒词应当显示出热情诚恳、感情充沛、随和轻松的态度。如果能恰当地使用幽默的语言，会使宴会气氛更加轻松、活跃，但要注意对方的习俗、禁忌。祝酒词虽然可以随和自由，但在轻松谈笑中仍要避免失礼、失态。

祝贺词是行政机关、企事业单位、社会团体或个人在喜庆场合、某项即将开始或已完成的工作、事业中表示祝福的言辞或文章。祝词用在事情成功之前，表示祝愿与希望；贺词用在事情成功之后，表示庆贺与赞美。祝贺词多适用于寿诞、婚礼、会议、比赛、工程建设等重大的活动场合。

模块小结

礼仪文书通常文字较短，但十分注意礼节，一旦失礼或施礼不当，

会导致不良的后果。礼仪文书的成功写作和出色运用，有助于传播信息，增加了解；有助于沟通情感，拉近关系；有助于美化企业，塑造形象；有助于最终产生深远的社会效益和良好的经济效益。

体验活动

活动　情境实训

材料介绍

××学校商贸与财经专业部将邀请 2006 届优秀毕业生杨春同学回校给同学们作一场“怎样成为一名优秀实习生”的报告，时间为 2008 年 10 月 24 日下午 3:00～5:00，地点在学校综合楼多媒体报告厅，参加对象是本部 2007 级学生。

1)请你为商贸与财经专业部制作一张精美的请柬(包括拟定内容)。

2）起草一份在报告会上的欢迎词。

第五单元 会议礼仪

会议是洽谈商务、布置工作、沟通交流的重要方式，在企业内部与外部工作中具有不可忽视的地位。作为一名职业人员，必须了解各项会议在具体进程中的礼仪规范，即召开会议前、会议中、会议后及与会者应注意的事项，懂得会议礼仪对会议精神的执行具有较大的促进作用。

单元提要

- 会议准备礼仪
- 会议服务礼仪
- 会议结束礼仪
- 参加会议礼仪

会议礼仪好比舞台灯光，只有出问题时你才注意到它。

模块一　会议准备礼仪

一般而言，会议基本上可以简单地分成公司外部会议和公司内部会议。公司外部会议包括新闻发布会、研讨会、座谈会、展览会等，而公司内部会议包括定期的工作周例会、月例会，年终的总结会、表彰会以及计划会等。为保证会议的顺利召开，就需要做大量的准备工作。

某工程有限公司准备召开一次重要的临时会议，总经理请秘书小薇协助向公司的各部门主管发送此次会议的会议通知。小薇没有向各主管发送通知，她想反正是内部会议，只要在公司布告栏上贴一张通知就可以了，可是她忽视了一个问题：此次会议是临时召开的重要会议，并非公司例会。因此有些主管因一直在工程现场未能及时看到通知而未能准时到会。待发现时是星期三的中午，小薇只得匆忙用电话通知这几位主管迅速赶到开会地点。其中，工程部经理罗宾接到电话后不满地说：“这么重要的会，为什么不早下通知？我下午约了客户，会议只能让我的助手去开了。”小薇急忙说：“那可不行，总经理特别指示，有关人员务必准时出席。”罗宾说：“可是我已通知了客户，改期已经来不及了，你说怎么办？”小薇张了张嘴，可什么也说不上来。

小思考

小薇在发送会议通知时忽视了什么问题？你能给她提供一个正确的解决方案吗？

____

____

____

____

模块目标

➢ 了解会议准备的礼仪规范。

➢ 掌握安排会议场所及布置会议现场的礼仪要求，能够正确通知与会者。

➢ 培养成功准备会议的能力。

模块内容

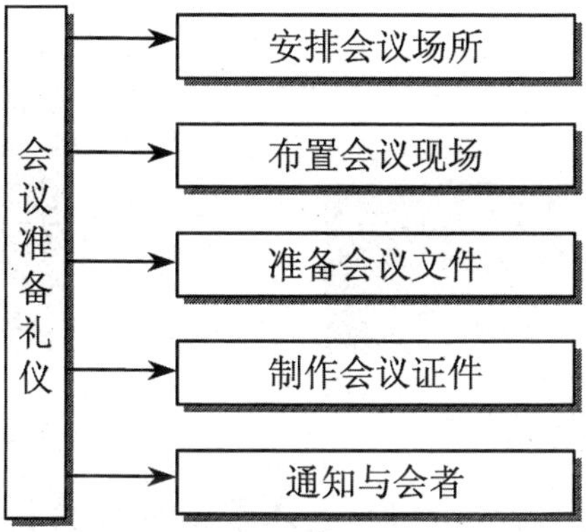

一、安排会议场所

选择会场时，首先要考虑与会人数，安排适当宽敞些的地方为好。另外，选择会场时还要考虑以下因素：① 地点对与会者来说交通是否方便。② 会场能否保证必要的使用时间。③ 会场是否有噪音。④ 会场的照明、空调设备是否完好。⑤ 是否有停车场和住宿处。⑥ 会场租用费用是否超过预算。⑦ 会场是否符合与会者的身份、等级。⑧ 其他必要的设备是否齐全等。

提　示

安排会议场所可以使用要素平衡法，即要综合考虑成本、方便、设施、安全、影响等多种要素，要在各种要素之间求得一种平衡。

二、布置会议现场

1. 会场装饰

必须根据会议的目的、人数、会场大小等情况布置会场。会场布置应显得庄严、隆重、艺术，会标要醒目、准确，会场的音响、桌椅、茶具都要一一落实。

（1）会标　即以会议名称作为主要内容的，表示会议信息的文字性标志。会议的格调要与会议的主题相一致，会标要以醒目的横幅形式（见图 5-1）悬挂于主席台上方的沿口或布景上；或用计算机制成幻灯片形式（见图 5-2）映射于天幕上。

图 5-1　横幅形式

图 5-2　幻灯片形式

（2）会徽　会徽（见图 5-3）是体现或象征会议精神的图案性标志，一般悬挂在主席台的天幕中央，具有感染与激励作用。

（3）标语　标语是把会议口号用醒目的书面形式张贴或悬挂起来，如图 5-4 所示。

图 5-3　会徽

图 5-4　标语

（4）花卉　会场需适当布置花卉（见图 5-5），花卉的品种与颜色要符合会议的整体格调。

（5）灯光　灯光的强、弱、明、暗及颜色会给会场带来不同的视觉效果。会场灯光，如图 5-6 所示。

提　示

书写标语的要求

① 切合主题。② 亲切感人。③ 号召力强。④ 简洁工整。

图 5-5　布置花卉

图 5-6　会场灯光

2．座席配置

座席的配置最好适合会议的整体风格和气氛，主要有以下几种配置方法。

1）圆桌形（见图 5-7）：使用圆桌或椭圆形桌子，这种布置使与会者同领导者一起围桌而坐，从而消除不平等的感觉。另外，与会者能清楚地看到其他人的面容，因而有利于互相交换意见。这种形式适用于 10 人左右的会议。

2）“口”字形（见图 5-8）：用长桌或方桌围成一个很大的“口”字形，这种形式比圆桌形更适用于较多人数的会议。

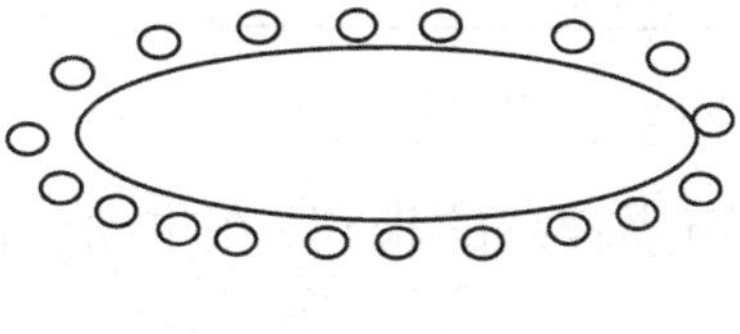

图 5-7　圆桌形

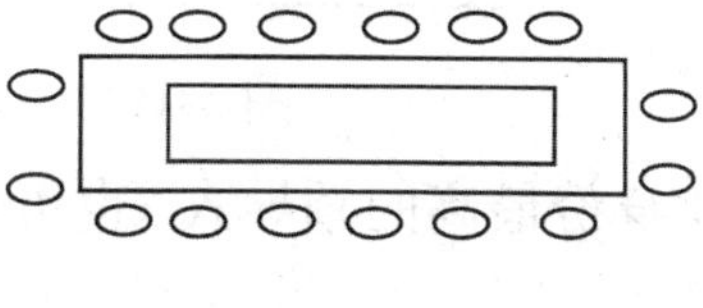

图 5-8　“口”字形

3）“T”字形、“V”字形：将桌子摆成“T”字形（见图 5-9）可以使与会者更清楚地看到会议主持人及其后面的黑板，而将桌子排成“V”字形更适用于在会议上放映幻灯片或录像。

4）教室形（见图 5-10）：把会议布置得如同教室一样，使与会者在彼此不熟悉的情况下面向讲台一排排就座，会议主持人和上级领导坐在讲台的一侧。这种形式适用于以传达、报告情况为目的，并且有很多人参加的会议。

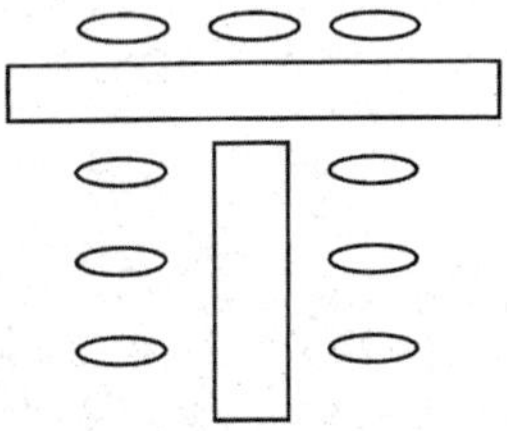

图 5-9 “T”字形

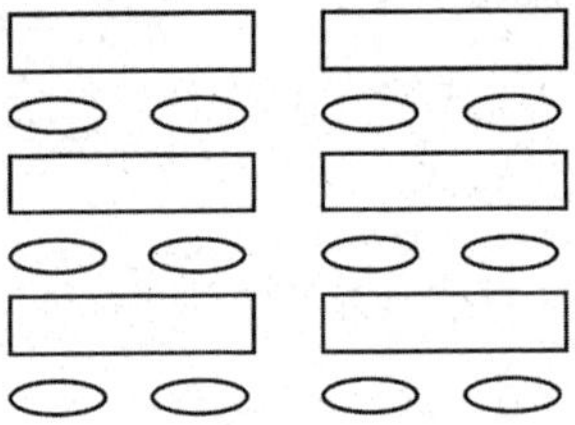

图 5-10 教室形

3. **座次排列**

（1）座位排列礼仪要求

1）按职务高低顺序。

2）按姓氏笔画排列。

3）按上级批复或任命通知书中的名单次序排列。

4）按各单位名称笔画排列。

（2）主席台座位安排礼仪（见图 5-11）

10	8	6	4	2	1	3	5	7	9
主 席 台									

图 5-11 主席台座位安排礼仪

1）身份最高的领导人（也可以是声望较高的来宾）在主席台前排中央就座。

2）其他人员按先左后右（以主席台的朝向为准）、一左一右的顺序排列。

3）主席台就座的人数为偶数时，前两位领导人共同居中就座，第一位领导人坐在第二位领导人的左侧。

4）主持人的座次按其身份高低安排。

5）双方共同主持的会议采取交叉间隔排列的方法。

三、准备会议文件

1．会议文件的种类

（1）指导性文件　领导讲话稿、上级或上司指示和会议起因文件等。

（2）主题内容文件　开幕词、主题报告、专题报告、大会正式决议、闭幕词、会议须知和有关活动注意事项等。

（3）进程文件　会议程序表、日程安排表、会议记录、会议简报、选举或表决程序表、讨论分组名单和讨论分组地点安排表等。

（4）参考文件　调查报告、典型材料等。

（5）提案文件　提案等。

（6）会议成果文件　会议工作报告、选举结果、会议纪要、新闻公报、传达文件和执行计划等。

（7）会议管理文件　会场座次区分表、主席台及会场座次表、会议登记表、会议签到表、会议通知、议事规则、证件、保密制度和管理规定等。

2．准备会议文件的程序（见图 5-12）

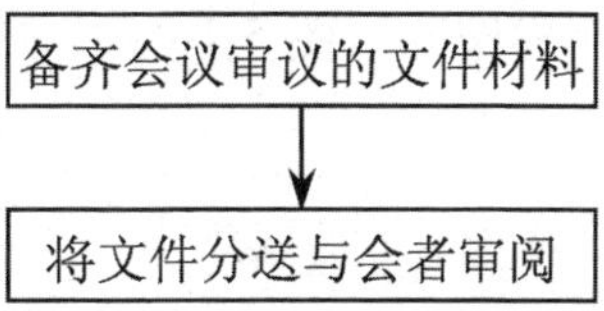

图 5-12　准备会议文件的程序

提　示

①会议审议的文件材料应于会前数日备齐。

②将文件分送与会者审阅，并请他们准备意见。特别是在研究工作方案、审议工作计划的会议中，这一环节很重要，会直接影响会议的效率。

四、制作会议证件

提　示

① 设计会议证件应从会议组织管理的需要出发，兼顾会议安全和工作方便两个方面的因素。

② 在证件设计和色彩运用上，既要做到易于区别各种不同的证件，又要体现会议的特点。

③ 会议证件的内容要包括会议名称、与会者姓名、与会者称呼、与会者身份、组织和企业的名称、证件号码和发证日期等。

④ 重大会议证件要贴上与会者的相片，并加盖钢印，以防伪造。

⑤ 主席台等必要的地方应放置台签式姓名卡片。

⑥ 会议证件的发放必须有严格的规则。

会议证件包括以下几个种类。

1）证卡类：主要包括出席证（见图 5-13）、列席证（见图 5-14）、工作证（见图 5-15）、记者证和签到证等。

2）证书类：主要包括代表证（见图 5-16）、通知书等。

3）佩条类：主要包括主席团成员佩条，秘书长、副秘书长佩条，来宾佩条和会议总监佩条等。

4）其他类：如座位名签、车辆通行证等。

图 5-13　出席证

图 5-14　列席证

图 5-15　工作证

图 5-16　代表证

五、通知与会者

1．会议通知的种类

1）口头通知。

2）书面通知。

3）传真通知。

4）墙报通知。

2．发放会议通知的程序（见图 5-17）

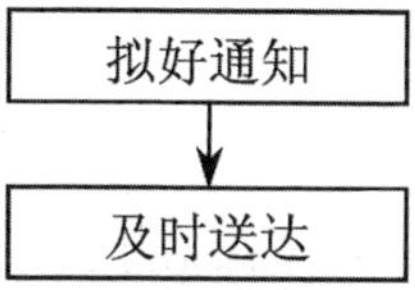

图 5-17　发放会议通知的程序

> **提　示**
>
> 会议通知一般应由标题、主题、会期、出席对象、会议时间、会议地点以及与会要求等七项要点组成。拟写通知时，应保证其完整而规范。为做好接待服务，有的会议通知还附上回执或报名表。

模块小结

做好会议准备工作对控制会议、增进其实效有着重要的意义，管理学界有一句脍炙人口的名言：“最好的控制便是避免丧失控制！”为了避免对召开的会议丧失控制，我们应在开会之前做好准备工作。

体验活动

活动　情境实训

材料介绍

计算机 2 班的同学将于下周五组织一个座谈会，主要邀请本市三家知名度较高的计算机公司的经理、部分员工来校给大家介绍本市 IT

行业发展的动态、行业用人需求状况及对毕业生的要求等。同时，该班同学也邀请了学校教务处、招就办、本专业部的领导和老师参加会议。

请你根据所学的内容，为本次会议做好以下准备工作。

1）会议场所设在哪里？

2）会场要进行哪些装饰？座席采用哪种形式？需要进行座次安排吗？

3）事先要做好哪些会议资料的准备？

4）需要制作哪些会议证件？

5）请列出与会者的名单，并采取最合适的方式通知与会者。

知识拓展

在会议前的准备工作中，我们需要注意以下几个方面的内容。

1）When：时间，你要告诉所有与会者会议开始的时间和要进行多长时间。这样能够让与会者很好地安排自己的工作。

2）Where：地点，是指会议在什么地点进行，要注意会议室的布局是不是适合这个会议。

3）Who：会议出席人，以外部客户参加本公司的会议为例，会议有哪些人物来参加，公司这边谁来出席，是不是已经请到了适合的外部嘉宾来出席这个会议。

4）What：会议的议题，就是要讨论哪些问题。

5）Others：会议物品的准备，就是根据这次会议的类型、目的，需要准备哪些物品，如纸、笔、笔记本、投影仪、咖啡、小点心、接送服务、会议设备及资料、会议纪念品等。

模块二　会议服务礼仪

会议准备工作完成后，工作人员要根据与会者的意愿、要求，策划、组织、执行会议的各项接待工作，让与会者放心、满意，使会议接待服务得到优化。

孙教授打长途电话给某饭店，告知他已同意邀请，明天飞抵该市为该饭店讲课，并请届时到机场接一下。该饭店总经理助理小齐接了电话，并满口答应。但当孙教授走出机场时，左右环顾，发现无人接站，静等了十几分钟仍无人前来，孙教授只能叫出租车去了饭店。孙教授前往总台登记，问起总台是否知道他来时，前厅经理说："知道，已经安排好了。"孙教授奇怪地问："怎么没有人来接站？"前厅经理"哦"了一声，连忙道歉并说："忘了。"

事情是这样的，齐助理打电话给前厅经理叫他安排孙教授的食宿，又叫前厅经理转告车队派车去接站。当时总台客人很多，前厅经理匆匆安排了孙教授的住房后，把订车的事给忘记了。

小思考

你能通过这个案例，说明会议服务的重要性吗？

____

____

____

____

模块目标

➢ 了解会议服务的礼仪规范。

➢ 掌握接站、报到与签到的服务技巧，熟悉引导礼仪、会间服务礼仪的内容。

➢ 培养成功服务会议的能力。

模块内容

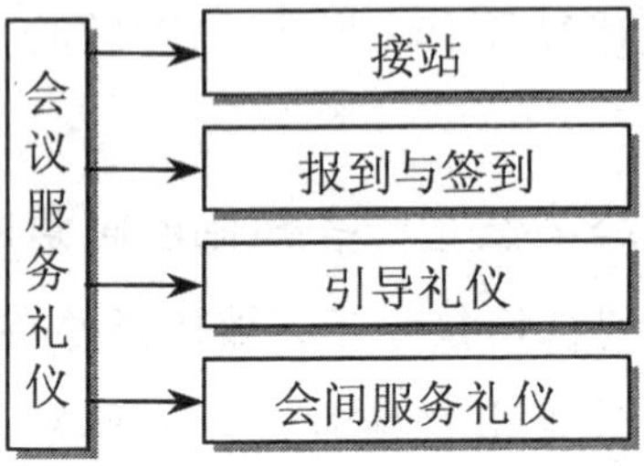

一、接站

接站即会议接待人员在机场、车站、码头迎接与会者。接站工作是给与会者的第一印象，优质的接站服务能给与会者提供极大的方便，并使与会者产生宾至如归的亲切感。接站的程序，如图 5-18 所示。

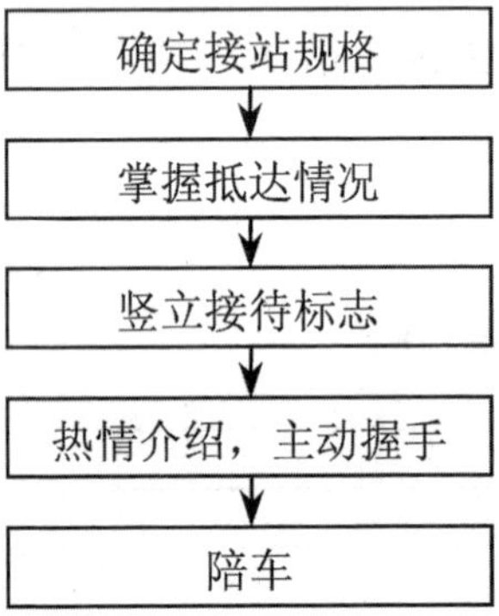

图 5-18　接站的程序

提　示

①无论有多少与会者，接站的负责人都应亲自接站，不可让人有被怠慢的感觉。

②如对方职务较高，而领导不能亲自接站，接站人员要代替领导接站，并向对方表示歉意。

二、报到与签到

1．报到

报到是与会者在到达会议所在地时办理的登记注册手续，但报到不能证明其参加每一次具体的会议活动。报到的流程，如图 5-19 所示。

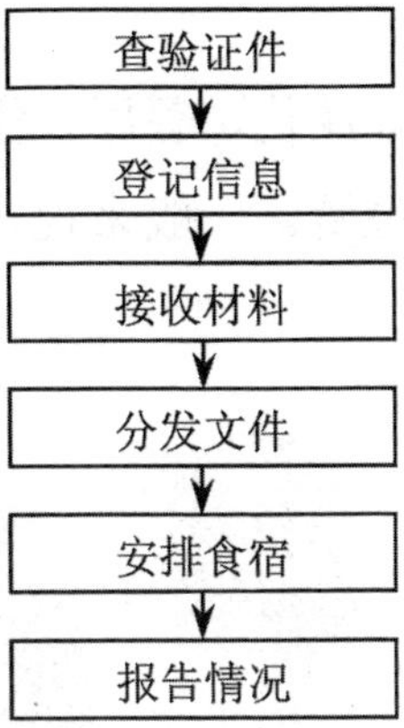

图 5-19　报到的流程

提　示

①大型会议一般提前一天在驻地设立报到处，并安排专人接待。

②在报到这一过程中，接待人员应注意礼节，注意使用礼貌用语，正确运用手势，并提供微笑服务。

2．签到

与会者在进入会场时一般要签到，其目的是及时、准确地统计到会人数，为以后查询提供历史凭证。会议签到一般有以下五种方法。

1）簿式签到（见图 5-20）。

2）证卡签到（见图 5-21）。

3）秘书人员代为签到。

4）座次表签到。

5）电脑签到。

图 5-20　簿式签到

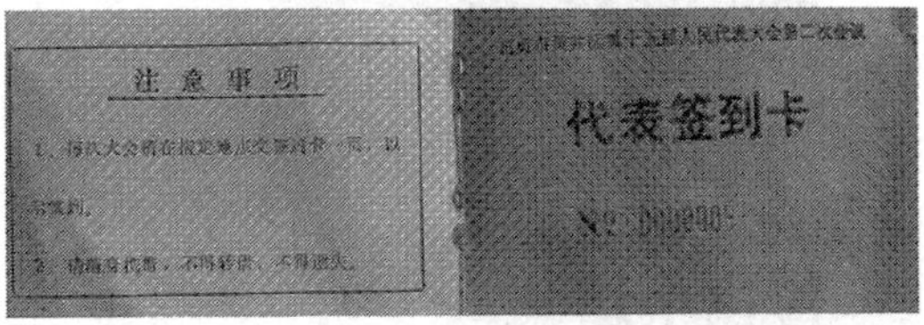

图 5-21　证卡签到

三、引导礼仪

会议期间，接待人员要为与会者指引会场、座位、餐厅、住宿房间以及与会者要打听的地方的路线、方向和具体位置。一般来说，安排专门的礼仪人员进行专门引导。

> 示　范
>
> **引导礼仪要领**
>
> 礼仪人员走在与会者的左前方 1m 左右，按正确的手势要求示路（见图 5-22），面带微笑，同时伴随有礼貌用语，如“请往这边走”、“小心路滑”、“您请进”、“您请坐”等。

图 5-22　引导手势

四、会间服务礼仪

会议正式开始前，接待人员应替与会者倒茶或发放矿泉水，根据需要递上烟灰缸。开会时，接待人员站在侧边等候，随时提供服务，如为与会者添水（见图 5-23）、更换烟灰缸、发放会议文件（见图 5-24）、传递材料等。

图 5-23　为与会者添水

图 5-24　发放会议文件

模块小结

运用礼仪知识为与会者服务，更能体现出良好的职业素养。

体验活动

活动　情境实训

材料介绍 1

某公司准备召开新产品推广会，邀请了国内外十几家合作公司的管理人员、技术人员近百人来参加会议。小华负责安排接站、报到工作，但因为她缺乏一定的经验，致使部分与会者没能找到接站处，影响了按时报到，因而损害了公司的良好形象。

请你给小华讲解一下接站、报到工作的主要步骤。

材料介绍 2

一年一度的学生技能展示会又要召开了，经学校领导讨论决定，今年展示会的会议接待工作和会间服务工作由 07 文秘班负责。

为了更好地完成学校交给的任务，班委会决定进行模拟训练，要求同学们分成三个小组（即报到签到组、礼仪引导组、会仪服务组）进行实操练习。

模块三　会议结束礼仪

当主持人宣布会议结束时是否意味着本次会议就彻底结束了呢？接待人员此时可能已经非常疲惫，但是工作还没有彻底结束，还需要做好会议结束服务工作，才能为本次会议划上圆满的句号。

2008 年夏，在南宁市召开了一个全国性的人居环境发展学术研讨会。会议是由广西大学经管学院的一位教授主办的，虽然与会者只有 30 多位，但来自 20 多个单位，送站工作的难度很大。其送站的过程主要是由会议工作人员分别将客人送上出租车并当即交好钱款，委托司机送到各候车室

门口。对这种送站方式，与会者都很满意。

小思考

虽然这个会议是个人主办的，但安排得很周到、具体，工作人员也很负责。你能从这个案例中得到关于会议结束礼仪的启示吗？

模块目标

➢ 了解会议结束服务的礼仪规范。

➢ 掌握安排与会者返程的服务技巧，熟知清退、整理会议文件及结算会议费用的程序、要求，并能够灵活运用。

模块内容

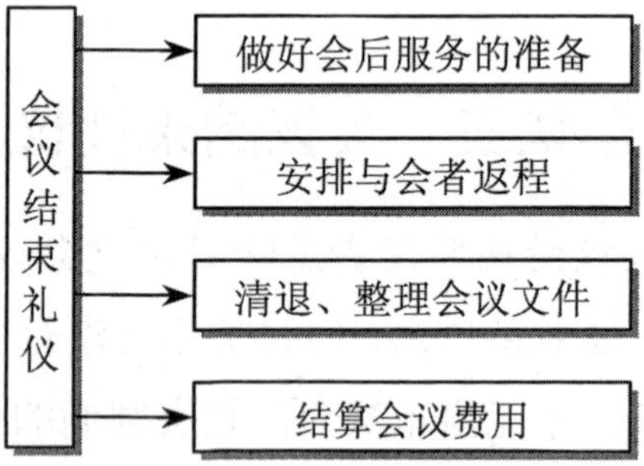

一、做好会后服务的准备

会议进行中，接待人员就应为会后服务做好准备。例如，如果会后要照相，就应提前将场地、椅子等布置好，摄影师做好摄影的准备。另

外，会后的用车也应在会议结束前妥善安排。

提　示

① 接待人员应诚恳地向与会者征求接待工作的意见，并询问其要求。

② 接待人员应提醒与会者及时归还向主办方或会议驻地单位借用的各种物品。

③ 接待人员应提醒与会者及时同会务组结清各种账目，并开具发票收据。

④ 接待人员应帮助与会者检查、清退房间，避免遗忘物品。

⑤ 接待人员应准备一些辅助性物品，如塑料袋、绳子等，以备急需。

二、安排与会者返程

会议结束后，主办单位一般应为外来的与会者返程提供便利。

若有必要，主办单位应主动为对方联络、提供交通工具，或替对方订购、确认返程的机票、船票、车票。当与会团队或与会的特殊人士离开本地时，主办单位还应安排专人为其送行，并帮助其托运行李，如图 5-25 所示。

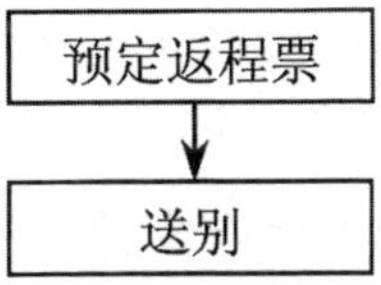

图 5-25　安排与会者返程

提　示

① 主办单位应统一制发清退文件的目录。

② 主办单位应尽力避免因只要求部分与会者退回文件而造成不必要的误会。

③ 会议文件收集整理过程中要注意保密。

④ 会议文件有缺件、缺页、缺损的情况，应尽快及时采取补救措施。

三、清退、整理会议文件

清理会议文件的要求

1）根据保密原则，回收有关文件资料。

2）整理会议纪要。

3）进行新闻报道。

4）将主卷归档。

5）进行会议总结。

四、结算会议费用

与会者报到时，如主办单位预收了有关费用，在与会者离会之前要结清有关必须由与会者承担的费用。结算时，主办单位要做到：① 列清每项开支。② 多退少补。③ 开具正式发票。

模块小结

会议结束后，会议的组织人员、接待人员应分工明确地做好善后处理工作，做好必要的后续性工作，有始有终才能够体现出良好的礼仪形象。

体验活动

活动　案例分析

材料介绍

某公司邀请全国的客户到昆明参加该公司新产品的开发洽谈会。公关部李丽负责安排与会者的返程工作，李丽想先解决容易预订的近处与会者的车票，再慢慢解决北京等远处难以解决的车票预订工作，而且她认为只要为客户尽可能地预订到硬卧火车票就行了。结果导致部分客户不能及时拿到返程的车票、机票，而对该公司十分不满，使得洽谈会的效果大打折扣。

1）请找出并纠正李丽在安排与会者返程工作中失误。

2）假如你是李丽，你将如何安排与会者的返程工作？

模块四　参加会议礼仪

我们许多人在没有做好充分准备的情况下就去开会，而且有些话该说却没说，有些姿态不该做却做了，结果给人留下了不好的印象。不管是参加自己单位的会议还是其他单位的会议，都必须遵守会议礼仪。因为在这种高度聚焦的场合中，稍有不慎便会严重有损自己和单位的形象。

小刘的公司应邀参加一个研讨会，该次研讨会邀请了很多商界知名人士以及新闻界人士参加。老总特别安排小刘和他一道去参加，同时也让小刘见识见识大场面。

但是小刘早上睡过了头，等他赶到时，会议已经进行了 20min。他急急忙忙地推开了会议室的门，“吱”的一声脆响，他一下子成了会场上的焦点。刚坐下不到 5min，肃静的会场上又响起了摇篮曲，是谁在播放音乐？原来是小刘的手机响了！这下子，小刘可成了全会场的“明星”……

小思考

在小刘身上发生的现象，我们是否非常熟悉？你能谈一谈你看了这个案例后的感想吗？

____

____

____

____

模块目标

➢ 了解参加会议的礼仪规范。

模块内容

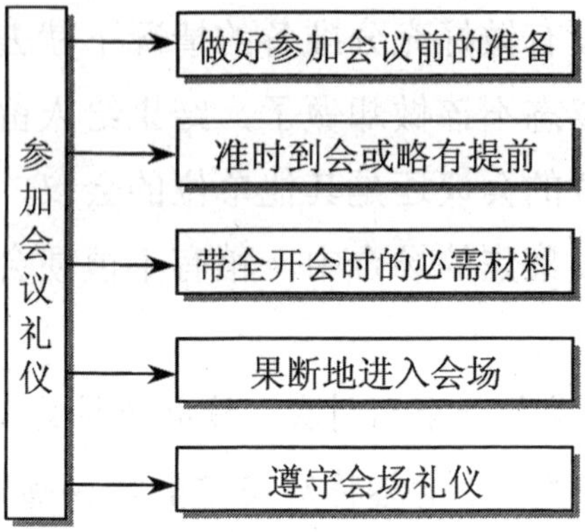

一、做好参加会议前的准备

参加会议前，与会者要阅读事先提供的所有材料，包括日程等，清楚出席会议的是些什么人，明白会议的目的，并围绕目的做准备。要发表的评论应事先准备好，这样就不会语无伦次地说车轱辘话了。

二、准时到会或略有提前

迟到的人不会受到重视，迟到有辱于那些克服困难准时到会的人。而且迟到绝不说明你忙，只能说明你做事缺乏计划性。

三、带全开会时的必需材料

带全开会时的必需材料，如日程、笔和记录本。把它们放在手里，这样别人就不用等着你去四处寻找这些东西了。

四、果断地进入会场

要果断地进入会场，显示出你的最佳状态。除非你对座位的安排有把握，否则应该问一下你该坐哪。要与同事握手，向不认识的人作自我

介绍，叫你认识的人的名字，注意做这些时要站着。如果你坐下后有人介绍你，你应起立。

五、遵守会场礼仪

1）把公文包、手提包放在抽屉或地板上。

2）不要摆弄东西。

3）将双脚放在地板上。如果你想把两脚交叉，交叉点要在脚踝处，否则会显得你漫不经心。皮鞋需要擦亮。

4）不要脱上衣或解领带，除非召集会议的人极力建议你把它脱了。

5）不要将胳膊抱在胸前，因为它表达了敌意。要用你的姿态表明你思想开放、易于接近。

> **失 礼**
>
> 以下几点是失礼的行为：
>
> ① 私下小声说话或交头接耳。
>
> ② 擅自离席。
>
> ③ 吹口哨，鼓倒掌，喧哗起哄。
>
> ④ 带食物进入会场。
>
> ⑤ 打断正在发言的人讲话。
>
> ⑥ 公文包、手提包放在桌上。

6）坐姿端正，不要无精打采。

7）发言人发言结束时，应鼓掌致意。

8）中途退场应轻手轻脚，不影响他人。

模块小结

开会是个机遇，是你给同事和上级留下深刻印象的机会，也是一种接触人的途径。如果记住了这些，你就会充分利用本模块的知识帮助自己的事业取得成功。

体验活动

活动　我思我悟

平时参加会议，我做得好的有________________________________

____

____

平时参加会议，我做得不足的有________________________

____

____

通过对本模块的学习，我的收获与感悟是____________________

____

____

知识拓展

会议发言人的礼仪

会议发言有正式发言和自由发言两种，前者一般是领导作报告，后者一般是讨论发言。正式发言者，应衣冠整齐，走上主席台时应步态自然、刚劲有力，体现一种成竹在胸、自信自强的风度与气质。发言时，应口齿清晰、讲究逻辑、简明扼要。如果是书面发言，要时常抬头扫视一下会场，不能低头读稿，旁若无人。发言完毕后，应对听众的倾听表示谢意。自由发言则较为随意，但发言要讲究顺序和秩序，不能争抢发言，发言应简短，观点应明确。与他人有分歧时，应以理服人、态度平和，要听从主持人的指挥，不能只顾自己。如果有与会者对发言人进行提问，应礼貌作答，对不能回答的问题应机智而礼貌地说明理由。对提问人的批评和意见应认真听取，即使提问人的批评是错误的，也不应失态。

主持人的礼仪

各种会议的主持人一般由具有一定职位的人来担任，其礼仪表现对会议能否圆满成功有着重要的影响。

1）主持人应衣着整洁、大方、庄重，精神饱满，切忌不修边幅、邋里邋遢。

2）走上主席台时，应步伐稳健有力，行走的速度因会议的性质而定，对于热烈的会议，步伐应较慢。

3）入席后，如果是站立主持，应双腿并拢，腰背挺直。单手持稿时，右手持稿的底中部，左手五指并拢自然下垂。双手持稿时，双手应与胸齐高。采用坐姿进行主持时，应身体挺直，双臂前伸，两手轻按桌沿。主持过程中，切忌出现搔头、揉眼、抖腿等不雅动作。

4）主持人言谈应口齿清楚，思维敏捷，简明扼要。

5）主持人应根据会议的性质调节会议的气氛，或庄重，或幽默，或沉稳，或活泼。

6）主持人对会场上的熟人不能打招呼，更不能寒暄闲谈，会议开始前可点头、微笑致意。

第六单元 交通礼仪

道路交通安全关系着千家万户，文明的交通礼仪行为是城市文明的重要组成部分，也是和谐社会的衡量标准。现实生活中，交通礼仪往往容易被人们忽视，各种不文明的交通行为时有发生。

我们为什么不带着笑容出门，带着平安回家呢？

单元提要

- 乘坐交通礼仪
- 旅途中的礼仪

乘坐交通工具的关键词：文明乘车、排队候车、讲究公德、相互礼让。

模块一　乘坐交通礼仪

我们只有掌握一定的交通礼仪，才能真正做到使每一个人都可以快乐地上路。

查理太太驾驶一辆新型的敞篷车在公路上行驶，才 5min 就已经把所有的交通法规触犯无遗了，最后撞倒了迎面来的一个男人。查理太太下车向男人抱歉地说："真对不起，先生，这完全是我的错，是我驶错了路线，您没有什么损伤吧？"那男人苦笑道："不，太太，这是我自己的错。"说着从地下拾起两枚撞落的牙齿，"因为我在 300m 之外就看见你了，当时我是来得及到树上去的。"

小思考

请你分析一下，查理太太与被撞者是否都有错？

____

____

____

____

模块目标

- 了解乘轿车礼仪，并能够灵活、正确运用。
- 了解乘客轮礼仪，并能够灵活、正确运用。
- 了解乘飞机礼仪，并能够灵活、正确运用。
- 了解乘火车礼仪，并能够灵活、正确运用。
- 了解乘公共交通工具礼仪，并能够灵活、正确运用。

模块内容

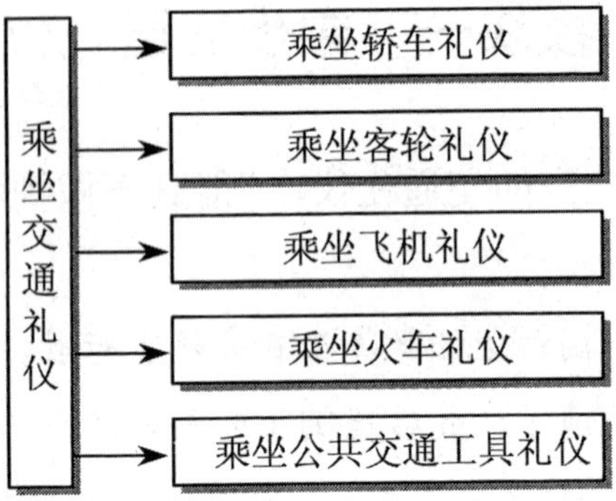

一、乘坐轿车礼仪

1. 轿车座次

排列轿车座次时，必须明确座位数量不同的轿车，排列座次的方法往往有所不同；并且在乘坐同一种轿车时，驾车者的具体身份也会对排列座次产生一定的影响。

（1）五座轿车　主人亲自驾车时的座次，如图 6-1 所示；专职司机驾车时的座次，如图 6-2 所示。

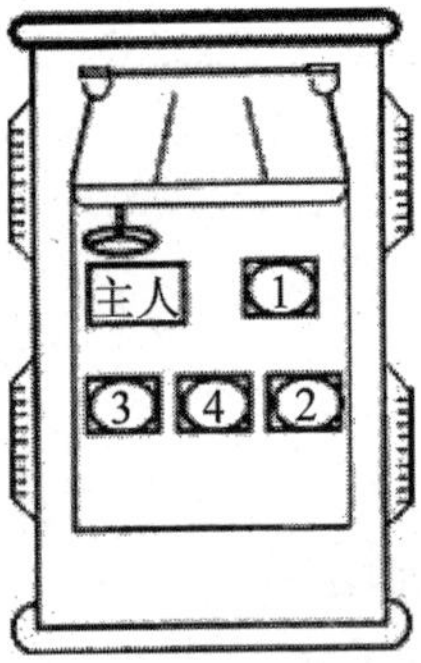

图 6-1　主人亲自驾五座轿车时的座次

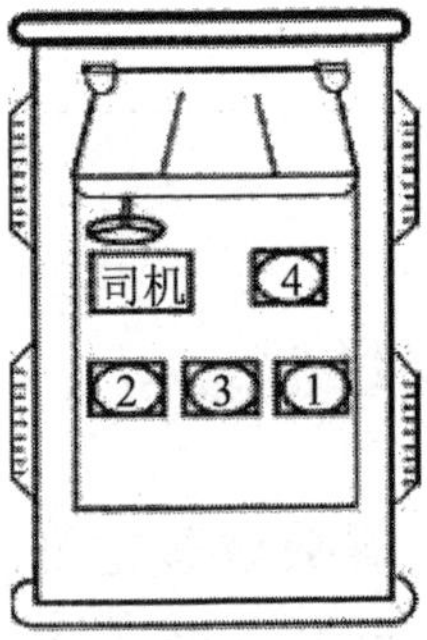

图 6-2　专职司机驾五座轿车时的座次

（2）吉普车　吉普车是一种轻型越野车，大都为四座车。不管由谁驾驶，吉普车的座位顺序均是：副驾驶座、后排右座、后排左座，如图 6-3 所示。

（3）三排七座轿车　主人亲自驾车时的座次，如图 6-4 所示；专职司机驾车时的座次，如图 6-5 所示。

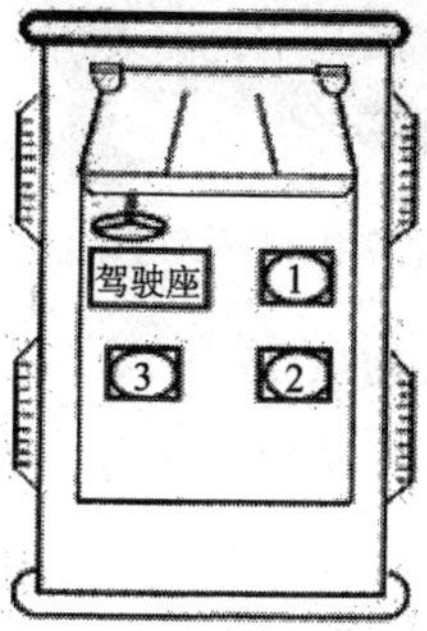

图 6-3　吉普车的座次

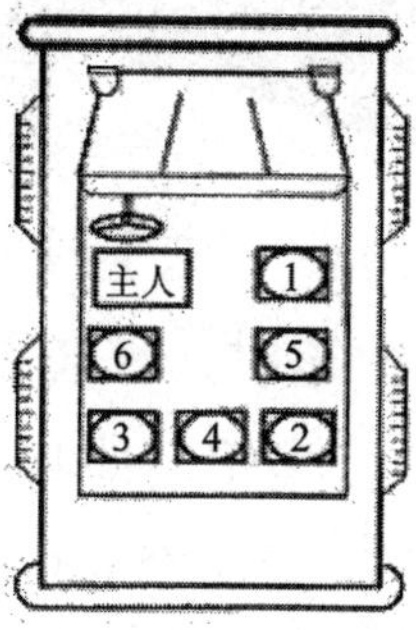

图 6-4　主人亲自驾三排七座轿车时的座次

（4）多排多座轿车　多排多座轿车是指四排或四排以上座位的轿车。不管何人开车，均应由前而后、由右而左，依距车门远近进行排列，这主要是考虑乘车人上下车的方便与否，如图 6-6 所示。

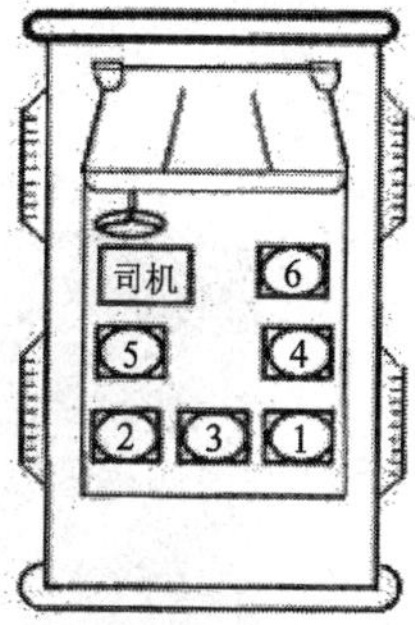

图 6-5　专职司机驾三排七座轿车时的座次

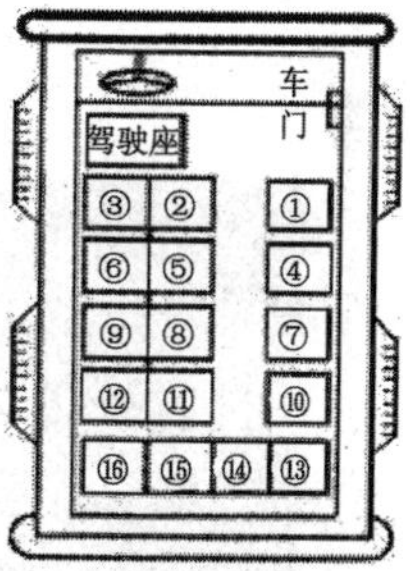

图 6-6　多排多座轿车的座次

2．上下轿车顺序

1）上下轿车时，通常应当请被陪同者首先上车，最后下车；而陪同人员则应当最后上车，首先下车。不过，在具体执行时应以方便来宾为宜。

2）乘车时，男士和晚辈应当照顾女士和长辈，请他们先上后下，并且为他们开、关车门，如图 6-7、图 6-8 所示。

图 6-7　关车门

图 6-8　开车门

3）女士上车时，仪态要优雅，姿势应该为“背入式”，即将身体背向车厢入座，坐定后即将双脚同时缩进车内。如穿长裙，应在关上车门前将裙子弄好，如图 6-9 所示。

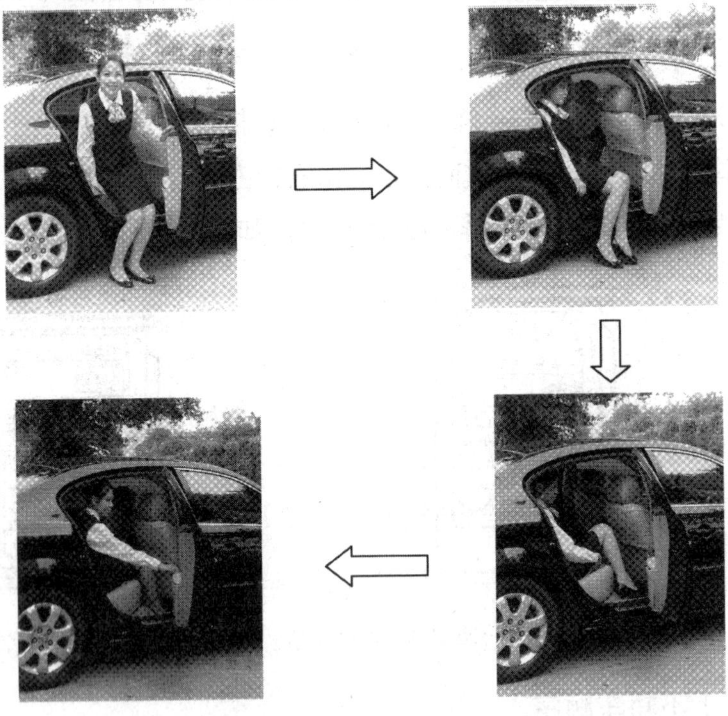

图 6-9　上车姿势

下车时应将身体尽量移近车门，立定，然后将身体重心移至另一只脚，再将整个身体移离车外，最后踏出另一只脚。如穿短裙，则应将两只脚同时踏出车外，再将身体移出，双脚不可一先一后移出，如图 6-10 所示。

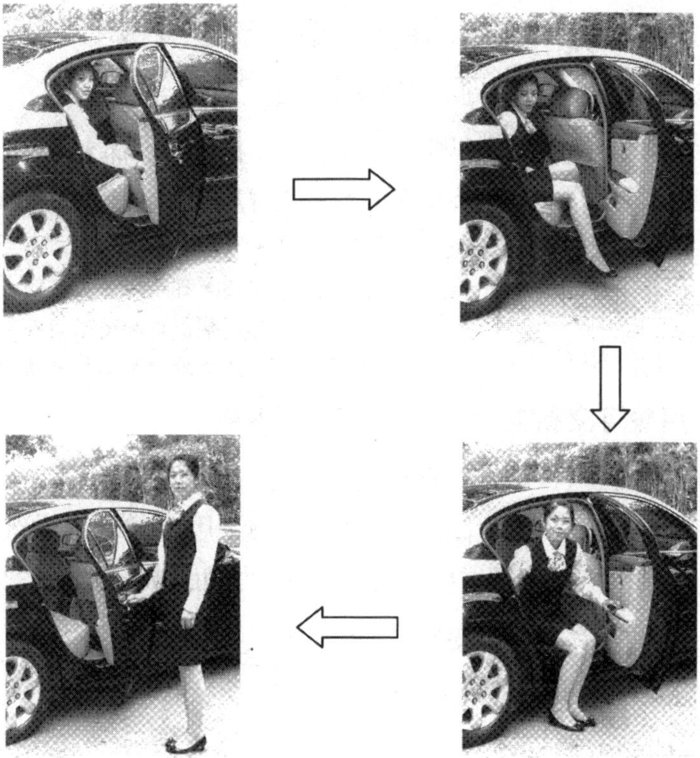

图 6-10　下车姿势

二、乘坐客轮礼仪

1．耐心排队登船

大型轮船可载乘客多达两三千人，乘客登船和下船时都要注意排队，遵守公共秩序。另外，在参加船上活动、看表演、等电梯的时候，通常也需要排队，耐心等候。

> **提　示**
>
> 不要在船头挥动丝巾，或晚上拿着手电筒乱照，以免被其他的船误认为是打旗语或者灯光信号。不要在甲板上将自己的音响设备声音放大。另外，遇到好的拍照景点，也不要拉来扯去。

2．上下船顺序

上下轮船的顺序一般是被陪

同者首先上船、首先下船，陪同人员居后。在必要时，也可由陪同人员先行一步，以便为被陪同者引导或开路。不过若舷梯较为陡峭，则被陪同者应先上后下，陪同人员后上先下。因为船上的扶梯很陡，上下船时应该互相礼让，并且要照顾好年长者、小孩和女士。

> **提　示**
>
> 因为船上的扶梯很陡，所以上下船时应该注意互相礼让。遇到意外事件时，乘客的紧急应变能力与坚决听从船务人员指挥都是极为重要的。上船后尽量了解逃生出口和逃生设备等相关知识，在紧急危难时刻要稳定情绪，切不能仓皇失措。

3. 用餐可交新友

在船上用餐时，餐厅方面可能会将不认识的人混合安排在同一张餐桌上，用意是增加乘客结交新朋友的机会。如果乘客感觉不适应或不习惯，可提出换桌等适当的要求。西方人非常注重晚宴，一般男士应备小晚礼服，女士应备晚礼服。

4. 不能浪费淡水

船上虽然淡水充足，但也不能随意浪费。大型邮轮都建议乘客洗衣服要到指定的洗衣处或者到自助洗衣店去洗。乘客在登船时最好多准备一些随身行李，以备不时之需。

> **提　示**
>
> 搭乘客轮时，不要在船上四处追逐玩闹，否则会给自己和他人带来不必要的危险。尤其是在风浪比较大的时候，更要注意安全问题，到甲板上时也要当心。如果风高浪急，最好返回船舱内。带着孩子的乘客要照顾好自己的孩子，避免意外出现。

三、乘坐飞机礼仪

1. 遵守有关安全乘机的各项规定

1）勿携带有碍飞行安全的物品登机：登机时应当认真配合例行的安全检查。如有必要，对乘客或行李使用探测仪进行检查或进行手工检查时，不应当拒绝合作或无端指责安检人员。

2）飞行时务必要遵守有关安全乘机的各项规定：如当飞机起飞或降落时，一定要自觉系好安全带，并且收起面前的小桌板，同时将座椅调直；在飞行期间，移动电话、手提电脑、激光唱机、微型电视机、调频收音机、电子玩具、电子游戏机等电子设备均严禁使用。

失　礼

以下几点是失礼的行为：

① 在飞机上吐痰、吸烟。

② 享用免费食品不量力而行，抱着不吃白不吃的心理。

③ 与他人交谈时，说笑声过高。

④ 飞机未停稳时，抢先打开行李舱取行李，行李摔落伤人。

⑤ 当众脱衣、脱鞋，尤其是把腿、脚胡乱伸放或将座椅调得过低妨碍到后面的人。

3）不乱动飞机上的安全用品及设施：飞机上的救生衣是飞机遇险在海上迫降时供乘客逃生使用的，切勿随意打开或带下飞机。

2. 乘机时不要妨碍他人

1）按时办理登机手续，按时登机，对号入座。不要办理登机手续后迟迟不登机，造成航班延误。

2）上下飞机时，注意依次而行，切勿拥挤。在空乘人员向乘客点头致意或者问好时，乘客应予以适当回应。

3）对待客舱服务员和机场工作人员，要表示理解与尊重，不要蓄意滋事或向其提出过高的要求。

4）当自己休息时，不要使身体触及他人，坐卧的姿势以不妨碍他人为好。

5）如果有特别需要，则需按座位旁边的按钮呼叫空乘人员，不要在机舱内大呼小叫。

提　示

为乘机人送行时，可说“一路平安”等祝语，不宜说“一路顺风”（飞机需逆风起飞）。

6）与人交谈时，不要影响其他

人休息，不要谈论令人不安的话题。

四、乘坐火车礼仪

1. 火车座次礼仪

火车座次排序，如图 6-11 所示。

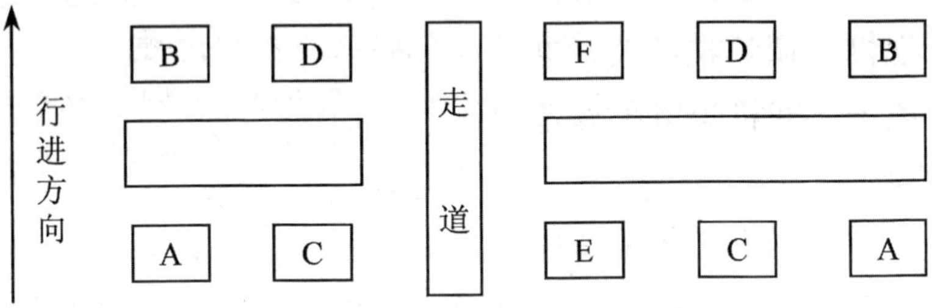

图 6-11　火车座次排序

2. 文明候车，排队上车

1）在候车室等候时，要爱护候车室内的公共设施，不要大声喧哗，携带的物品要放在座位下方或前方，不抢占座位或多占座位，不要躺在座位上使别人无法休息，保持候车室内的卫生，不要随地吐痰，不要乱扔果皮、纸屑。

2）确认所乘车次，进入相应站台后，站在安全线后面等候。待火车停稳后，方可在指定车厢排队上车。上车时，不要拥挤、插队，不应从车窗上车。陪同宾客时，上下火车的顺序通常与上下轮船相同。

3. 放置行李，遵守规定

1）行李应放在行李架上，不要放在过道或小桌上。

2）放置行李应相互礼让，与人方便。必要时，可请乘务人员帮忙，接受乘务人员服务后应致谢。

4. 讲究公德，相互礼让

1）乘客之间要互相尊重，互相帮助，互相照应。注意保持车厢的

安静，聊天、娱乐等活动不要打扰别人。尤其是熄灯后，在车厢内不应大声喧哗，以免影响其他乘客。

2）主动帮助老、幼、病、残、孕等特殊乘客，带小孩的乘客注意看管好自己的孩子。

3）不经允许不要随意翻动别人的物品或取用他人的东西。

4）在车厢里，自觉维护车内环境卫生，将垃圾投入垃圾箱内；不要随意脱下鞋子，以免异味影响他人，更不可把脚跷放到对面的座位上；车厢内禁止吸烟，需要吸烟时应到吸烟区。

5）不可长时间占用卫生间和盥洗间。

五、乘坐公共交通工具礼仪

1．乘坐出租车的礼仪

在出租车指定候车处，按顺序排队。如果遇到老、幼、孕、残及病人，则让他们排到自己的前边。在机场、火车站等场所等候出租车时，应到指定区域排队。轮到自己上车时，应走向等在前面的车辆，而不要干扰出租车本身的等候顺序。在没有出租车等候站的地方，应该自觉遵守先来先上的原则。

在一些禁止停车或禁止上下车的地方，不应执意叫停，不应为难司机。作为文明的乘客，应该配合司机遵守交通规则。

如果向对面马路的出租车招手且该车已准备掉头，那么，此时即使有其他出租车开到你面前，你也不应该为了方便就此上车，而不理会之前已打招呼并正为你掉头的那辆车。

乘车时，要爱护车辆及其设施，保持车内卫生。除了避免往窗外丢垃圾、吐痰等不良行为外，也不要把废弃物留在车内。如果携带有异味的食品或物品，应将其包严，以免污染车内空气。下雨天，不要把湿淋淋的雨伞放在车座上。

乘出租车时，若无特殊情况，乘客宜坐在后排。乘客应当尊重司机，对出租车司机要谦和有礼，不要催促司机加快速度，也不要对司机的驾驶技术说三道四。如果对司机选择的路线有意见或不满意司机的服务，如司机在开车时接听手机等，要善意提出，注意文明用语，切勿与司机发生争吵。此外，为了让司机集中精力开车，应避免和司机长时间攀谈或做其他干扰司机安全驾驶的行为。

下车时，应对司机的服务表示感谢并说声“再见”，这样会让司机感到温暖，他将带着愉悦的心情为下一位乘客提供服务。

2. 乘坐公共汽车的礼仪

（1）排队候车，注意礼让　乘坐公共汽车（包括电车、地铁等）要遵守秩序，排队上车；上车时，要主动礼让他人，对行动不便的老人、孕妇、病人、残疾人以及妇女、孩子要加以帮助，不要恃强争先，不要冲撞、挤压他人；如果因车太挤而上不去，则应该等待下一辆车，不要扒门硬挤。上车后，不要抢占座位，也不要用提包、物品为别人抢占座位；见有老、弱、病、残、孕和怀抱婴儿的人要主动让座。

（2）保持车厢和站点的环境卫生　在公交车上，应该把自己随身携带的物品放到适当的位置，不要让它占座位、挡路。尽量不要在车上吃东西，特别是那些汁水多或容易掉渣的东西，以免弄脏车厢或他人的衣物。此外，在车上吸烟、随地吐痰、乱吐口香糖或乱扔果皮、纸屑、杂物等，都是不文明的行为。遇雨雪天，则应妥善放置所携带的雨具，以免影响他人。携带有污迹或有异味的物品要将其包扎封闭严密，不要污染环境和他人衣服。总之，在车厢这个临时的大家庭中，每个人都应讲究公德，讲究礼让，不要只顾自己，不顾别人。

（3）下车提前准备　上车后，要主动向下车的车门方向移动。准备下车时如需他人让路，应有礼貌地先打一声招呼或说“借光”、“劳

驾”，不要默不做声地猛冲过去，更不要发脾气或出言不逊。万一自己不小心碰撞、踩踏了别人，应立即道歉。如他人因此向自己道歉，则应大度地表示没关系。待车到站停稳后再按顺序下车，后下车的乘客应主动给先下车的乘客让道。

3．乘坐地铁的礼仪

地铁是人们常用的交通工具之一。作为地铁乘客，应该自觉维护公共设施，遵守秩序。

（1）遵照惯例，文明乘梯　乘电梯时，应靠右侧站立，让出左边的通道给赶时间的乘客行走，这是乘自动扶梯的一种国际惯例。无论在哪里乘自动扶梯，都必须遵守“靠右站立”的文明礼仪规范。

（2）保持安静，举止文雅　在站台上，要遵守“按线候车”的规则，切勿越过黄色安全线。同时，也要注意自己的言行举止，不要在站内大声喧哗，不要在站台上奔跑。候车时，可以坐在车站提供的椅子上等候，但如果没有椅子或没有空闲的座位，即使很想休息，也不要坐卧或蹲在站台上。有些人习惯靠着墙休息，但注意不要把脚踏在墙上，避免破坏或污染地铁内的设施及环境。

（3）先下后上，注意礼让　排队上车时，如果遇到老人、病人、残疾人、孕妇和带小孩的妇女，应该让他们排到自己的前面。人多的时候，除了注意遵守安全法则外，还要遵守文明礼仪规范，在拥挤的情况下不要推撞他人。

模块小结

古人云：“勿以善小而不为。”文明乘车、排队候车看起来是一件小事，可它却反映了一个人的道德素质和文明风貌。作为现代社会中的交通参与者，我们每一个市民都应该谦虚、礼让、大度、宽容，按照文明市民的标准要求自己，提高交通文明礼仪素质，使互助与礼让精神成为一种习惯，从而在全社会倡导、树立交通安全的文明意识。

体验活动

活动　案例分析

材料介绍

李先生年轻肯干，点子又多，来公司不久就引起了总经理的注意并计划将其提拔为营销部经理。为了慎重起见，总经理决定再对李先生进行一次考查，恰巧总经理要去省城参加一个商品交易会，于是选择他和公关部杜经理去当助手。

他们是搭乘董事长驾驶的轿车一同前往的。上车时，李先生很麻利地打开了前车门，坐在董事长旁边的位置上，董事长看了他一眼，但李先生并没有在意。

一路上，除董事长向总经理询问了几件事，总经理简单地回答外，车内再也无人说话。到达省城后，李先生悄悄问杜经理："董事长和总经理好像有点不太高兴？"杜经理告诉了他原委，他才恍后大悟，"噢，原来如此。"

会后从省城返回，车子改由司机小李驾驶，杜经理由于还有些事要处理，需在省城多住一天，同车返回的还是四人。李先生想："这次不能再犯类似的错误了。"于是，他打开前车门，请总经理上车，总经理坚持要与董事长一起坐在后排，李先生诚恳地说："总经理您如果不坐前面，就是不肯原谅来的时候我的失礼之处。"并坚持让总经理坐在前排自己才肯上车。

回到公司，同事们知道李先生这次是同董事长、总经理一道出差，

猜测他肯定会受到提拔，都纷纷向他祝贺。然而，提拔的事却一直没有人提及。

请指出李先生的失礼之处。

模块二　旅途中的礼仪

俗话说：“在家靠父母，出门靠朋友。”在旅途中遵循礼仪规范，不仅能从细微处反映个人的涵养，更能结识更多的朋友。

小黎是一名海外旅游团的领队。在她带领团队出国的过程中发生过许多经典案例。有一次，她的一名队友在乘坐国际航班的时候发生了这样的事情：在空姐发放饮料的时候，张先生因害怕要付费而拒绝了。在了解到酒水是免费的之后，他点了一杯威士忌。然后，平时就好喝两杯的他一杯接一杯的喝了起来。待飞机到达目的地，张先生已是醉眼朦胧，走不动了……

小思考

请分析张先生的行为有什么不当之处？

____

____

____

____

____

模块目标

- 了解途中行李物品放置的礼仪规范。
- 培养并养成自己在旅途中良好的卫生习惯。
- 注意旅途中的娱乐消遣活动。
- 掌握旅途中与路人融洽相处的技巧，并能够灵活运用。

模块内容

旅途中的礼仪
- 途中行李物品的放置
- 卫生习惯要注意
- 娱乐消遣要文明
- 路人相处要融洽

一、途中行李物品的放置

出门在外，总会有或多或少的行李物品。在旅途中，对行李物品的限制与放置有着相应的规定。

1. 各种交通运输行业对行李携带的有关规定

（1）航空行李运输规定

1）各航空公司对行李托运的规定略有差别：一般来说，按照运输责任，可将行李分为托运行李和非托运行李。

① 托运行李：托运行李是指乘客交由承运人负责照管和运输，并填开行李票的行李。托运行李的重量每件不能超过 50kg，体积每件不能超过 40cm×60cm×100cm。超过上述规定的行李，须事先征得承运人的同意才能托运。

② 非托运行李：非托运行李是指经承运人同意由乘客带入机舱自行负责照管的行李。每位乘客携带非托运行李的重量一般不能超过 5kg，体积每件不能超过 20cm×40cm×55cm，并要求能放入行李架内或座位底下，不妨碍客舱服务和乘客活动。持头等舱客票的乘客，每人可随身携带 10kg。超过上述重量限制和体积限制的随身携带物品，应作为托运行李。

2）免费行李额：免费行李额是根据乘客所付运价、乘坐舱位等级和乘客乘坐的航线决定的。对每位乘客的免费行李额（包括托运行李和非托运行李）的规定如下。

① 国内航线免费行李额：持成人或儿童票的乘客免费行李额为头等舱 40kg、公务舱 30kg、经济舱 20kg，持婴儿票的乘客无免费行李额。

构成国际运输的国内航段，每位乘客的免费行李额按使用的国际航线免费行李额计算。

② 国际航线免费行李额（除中美航线）：乘坐国际航线的乘客免费行李额一般分为计重免费行李额和计件免费行李额。持成人票或儿童票的乘客计重免费行李额为头等舱 40kg、公务舱 30kg、经济舱 20kg，持婴儿票的乘客无免费行李额。头等舱及公务舱乘客的计件免费行李额是，每人免费托运行李两件，每件体积（三边之和）不超过 158cm，每件重量不超过 32kg；经济舱乘客的计件免费行李额是，每人可免费托运行李两件，每件体积（三边之和）不超过 158cm，但两件体积（三边之和）之和不超过 273cm，每件重量不超过 32kg；按成人票价 10%付费的婴儿乘客的计件免费行李额是，每人可免费托运行李一件，另外还可以免费托运全折叠的轻便婴儿车或婴儿手推车一辆。

3）不准作为行李运输的物品：乘客不得在托运行李或随身携带的物品内夹带易燃、易爆、易腐蚀、有毒、有放射性的物品，可聚合物质，磁性物质及其他危险物品。乘客乘坐飞机不得携带武器、利器和凶器，禁止携带动物，食品有时也会被禁止携带。

（2）铁路运输部门对行李携带的有关规定　按照铁路的有关规定，每张乘客车票只能免费携带 20kg 的物品，超过这一重量时必须到车站的行李托运处办理托运手续。

（3）航运部门对行李携带的有关规定　每一乘客可免费携带总重量 20kg（免费儿童减半），总体积 $0.3m^3$ 的行李。

每一件自带行李的重量不得超过 20kg，体积不得超过 $0.2m^3$，长度不得超过 1.5m（杆形物品长度不得超过 2m）。

残疾乘客乘船另可免费携带随身自用的非机动残疾人专用车一辆。

2．旅途中放置行李物品

1）不将超大行李和有异味的物品带上飞机。在机上放置自己随身携带的行李时，应与其他乘客相互礼让。必要时，可请空乘人员帮忙，尽快放好随身行李，保持通道畅通。

2）如乘客行李发生不正常运输，应该在机场向承运人或承运人的代理人提出申报。特别是发生行李破损时，乘客应该会同机场行李查询工作人员一起对行李破损程度进行确认，以便于处理。乘客不要在机场大声吵嚷，有损形象。

3）在火车上，行李应放在行李架上，并且尽量不要超出行李架太多。不要将行李放在过道上或小桌上，以免妨碍他人。放置行李应相互礼让，与人方便。必要时，乘客可请乘务人员帮忙，接受乘务人员服务后应致谢。

二、卫生习惯要注意

出门在外，良好的卫生习惯是健康身体的保障，是旅途愉快的前提。要做到保持环境清洁，注意个人卫生，谨防病从口入。

三、娱乐消遣要文明

娱乐消遣应该是一件非常轻松愉悦、没有负担的事情。在进行娱乐消遣活动的时候要注意礼仪，才能让娱乐消遣活动轻松、惬意。

1）公众场合不适宜大声喧哗，以免影响他人。

2）注意休息时间。在旅途中，人容易疲劳，适当的休息能缓解旅途中的疲劳。要注意自己在交通工具上的娱乐消遣活动不要影响到他人

的休息。

四、路人相处要融洽

出门在外，文明的语言和举止有利于营造融洽的路人关系。

1）出门行走要遵守交通规则。在各街道、路口或客流量较大的地段，一定要遵守交通规则。

2）行人应靠右侧通行，要走人行道、人行横道、过街天桥和地下通道。切记不能随意横穿马路、闯红灯、跨越栏杆及隔离带。

3）横穿马路时，应注意交通信号，等绿灯亮了再从人行横道上穿过去。

4）在行进中，行人不要在路中央放任说笑、扎堆聊天、随意逗留或飞跑，要注意车辆的行驶。

5）不要一边过马路，一边打手机；不要让小孩在马路上乱跑。

6）不要不论地点随便打的。

7）不要边走边吃零食，把皮核及废弃物丢在街面上，应尊重环卫工人的劳动。

8）不要在公共场所随地擤鼻涕、吐痰或小便，要维护公共卫生环境。

9）对于公共场所的各种设施、物品，要自觉爱护。

10）行走时，不小心踩了别人的脚或撞到别人身上要向对方说“对不起”，对方应回答“没关系”。

11）行人之间要互相礼让，道路狭窄时，年轻人要谦让老年人，男子要谦让女士，健康人要谦让残疾人。

12）男女同行时，通常男子应该走在马路外侧。

13）上楼梯时，男士应走在女士后面，下楼时则相反，男士应走在前面，以防万一女士跌倒后无人搀扶。

14）手持雨伞行走时，须留意身旁的行人。

15）自觉排队是一个人良好素养的体现。

16）排队时要有适当的间隔，人与人之间最好要保持一步的距离。

17）问路时，应用礼貌语言，得到答复后要表示谢意，切不可扭头就走。

18）如遇行人问路，要热情、详尽地回答对方。如果回答不了，可请别人帮忙。

19）如他人问路不够文明礼貌，应当予以指正，并以礼相待。

20）遇见交通事故造成的车辆相撞及人员伤亡、他人争吵斗殴、交警查车或城管工作等，不要上前围观滞留而阻碍交通，影响执行公务。

21）对于不相识的异性，不应浅薄轻浮，频频回首顾盼。

22）遇熟人应适当问候或打个招呼，不应视而不见。

23）遇到破衣烂衫或赤体的乞丐，不要围观讥讽或污言秽语。

24）遇到老弱病残者或盲人、儿童有困难时，应主动关心、帮助。

25）遇见病人时，要主动给予力所能及的帮助，或联系病人家属，或护送病人赶到医院。

失　礼

以下几点是失礼的行为：

① 过马路不走人行横道或过街天桥。

② 闯入封闭的高速道路。

③ 横穿马路不看左右，跑动中急停。

④ 走人行横道不看信号灯，闯红灯。

⑤ 在车流中穿行。

⑥ 道路上嬉笑打闹，并结队行走。

⑦ 为抄近路践踏草坪或冒险翻越交通隔离设施和护栏。

模块小结

旅途中遵循礼仪规范可以从一个侧面展现出我们的文明素质。

体验活动

活动　情境实训

学校即将组织暑期夏令营，营长请你为他制订一份旅途礼仪计划，并向营员进行宣传。在旅途中还要进行文明礼仪卫士的评比，请你也为他制订一份评比的方案。

第七单元 宴请礼仪

宴请是政府机关、社会团体、企事业单位或个人出于表示欢迎、答谢、祝贺等社交目的的需要以及庆贺重大节日而举办的隆重的、正式的餐饮活动。

单元提要

- 宴会礼仪
- 宴请中的礼仪

对用餐礼仪最大的考验就是要能不触犯别人的感觉。

——艾米利·波斯特（世界著名礼仪专家）

模块一　宴 会 礼 仪

宴请，是指盛情约请贵宾宴饮的聚会，它是人际交往、社会交往以至国际交往中最经常的交往活动之一。

领队小李应客人的要求，带领着团队来到了一个地道的法国餐厅进餐。一走进餐厅，客人就被餐厅异国风情的装潢吸引住了。还没入座，他们就四处散开忙着拍照，彼此间还大声喧哗、嬉笑。入座后点餐的时候，客人将菜单上最贵的菜都点了一遍。小李提醒说这样是吃不完的，劝说他们不要太浪费，可客人并不在乎。在等待的时候，团队客人旁若无人地聊了起来，以至于旁边的客人向饭店提出了投诉……

小思考

请分析该团队客人用餐时有什么失态之处？

____

____

____

模块目标

➢ 了解常见的宴请形式，并能够正确、灵活运用宴会礼仪。

➢ 了解参加中餐宴会、西餐宴会及自助餐的礼仪规范，并能够正确灵活运用。

模块内容

宴会礼仪
- → 常见的宴请形式
- → 中餐宴会礼仪
- → 西餐宴会礼仪
- → 自助餐礼仪

一、常见的宴请形式

宴请是国际交往中最常见的交际活动之一，各国宴请都有自己国家或民族的特点与习惯。国际上通用的宴请形式有宴会、招待会、茶会、工作餐等，每种形式都有特定的规格和要求。举办宴请活动采用何种形式，通常要根据活动目的、邀请对象以及经费开支等各种因素而定。

1．宴会

宴会是指比较正式、隆重的设宴招待，一般为正餐。宾主一起入座进食，由招待员按顺序上菜。宴会的种类（见表 7-1）繁多，持续的时间为 2h 左右。

表 7-1　宴会的种类

划分标准	宴会种类
按举办时间划分	早宴、午宴、晚宴
按餐别划分	中餐宴会、西餐宴会、中西合餐宴会
按性质划分	工作宴会、欢迎宴会、节庆宴会
按礼宾规格划分	国宴、正式宴会、便宴、家宴

（1）国宴　国宴是指国家元首或政府首脑为国家的庆典或为外国元首、政府首脑来访而举行的正式宴会，因而规格最高。宴会厅内悬挂国旗，安排乐队演奏国歌及席间乐，席间需致辞或祝酒。

（2）正式宴会　正式宴会的规格比国宴低，不悬挂国旗，不奏国歌，其余基本与国宴相同，可奏席间乐。宾主均按身份排位就座。许多国家正式宴会十分讲究排场，在请柬上注明对客人服饰的要求。外国人对宴会服饰比较讲究，往往从服饰上就能体现出宴会的隆重程

度。正式宴会对餐具、酒水、菜肴道数、陈设，以及服务人员的装束、仪态都要求很严格。

（3）便宴　便宴即非正式宴会，常见的有午宴、晚宴，有时也有早上举行的早餐。便宴一般不排座次，不作正式讲话，菜肴道数也可酌减，它最大的特点是自由、轻松、随便。这类宴会形式简便、规模小、规格不高，可以不排席位，不作正式讲话。西方人的午宴有时可以不上汤，不上烈性酒。便宴较为随便、亲切，气氛比较宽松、和谐，适用于日常友好交往。

（4）家宴　家宴即在家中设便宴招待客人，西方人喜欢采用这种形式，以示亲切友好。家宴往往由主妇亲自下厨烹调，家人和客人共同进餐，也可采用自助餐的形式举行。它不拘形式、礼节，气氛亲切、轻松、自由。

2. 招待会

招待会是不备正餐且较为灵活的宴请形式，其备有食品、烟、饮料，可不排席位，客人可以自由活动。常见的招待会有两种形式，即冷餐会和酒会。

（1）冷餐会（自助餐）　其特点是不排座次，菜肴以冷食为主，也可冷、热兼备，将菜肴陈放在菜桌上供客人自取，客人可以多次取食，自由活动，自由进食，自由交谈。当然，对年老体弱者，要准备座椅，并由服务人员招待。

冷餐会的安排根据宾主双方的身份而定，其规格隆重程度可高可低，举办时间一般在 12:00～14:00 或 17:00～19:00 之间。这种形式常用于官方或企业的正式活动之后，如在盛大庆祝会、欢迎会、开业典礼之后举行，以宴请人数众多的宾客。

（2）酒会（又称鸡尾酒会）　其形式比冷餐会更活泼、方便。招待

客人以酒水为主，略备小吃，不设座椅，仅放置小桌或茶几，以便客人随意走动。国际上举办大型活动，广泛采用酒会形式招待客人。

酒会举行的时间较为灵活，中午、下午、晚上均可，请柬上往往注明整个活动延续的时间，客人可在其间任何时候到达和退席，来去自由不受约束。

3．茶会

茶会是一种简便的招待形式，举行的时间一般在下午 4 点左右，也有在上午 10 点左右举行的。茶会通常设在客厅，不用餐厅，厅内设有茶几、座椅，不排席位。但如果是为某贵宾举行的活动，入座时需有意识地将贵宾同主人安排坐到一起，其他人随意就座。

茶会，顾名思义是请客人品茶。通常，享用茶水的过程也有许多礼仪和品茶习惯。茶具及茶叶都要十分考究，一般都选用名贵茶叶和上乘茶具，品茶的时候可略备点心或小吃。欧洲人一般用红茶，日本人喜欢用乌龙茶，美国人喜欢用袋茶。这种形式也有不用茶而用咖啡的，其组织安排与茶会相同。

4．工作餐

工作餐是现代国际交往中经常采用的一种非正式宴请形式（有的时候由参加者各自付费），其利用进餐时间，边吃边谈问题。工作餐按用餐时间分为工作早餐、工作午餐、工作晚餐。在代表团访问过程中，往往因日程安排不开而采用这种形式。人们可以边吃边谈，工作餐在我国往往以快餐形式进行，既简便、快速，又符合卫生要求。这类进餐只请与工作直接相关的人参加，不请配偶。

二、中餐宴会礼仪

中餐宴会是中国传统的聚餐形式。

1．**中餐宴会的尊位、桌次及席位**

（1）中餐尊位的确定

1）单桌宴请的尊位确定，如图 7-1 所示。

2）多桌宴请的尊位确定，如图 7-2 所示。

（2）中餐桌次的排序　决定餐桌高低次序的原则是：主桌排定之后，其余桌次的高低以离主桌的远近而定，近高远低，前高后低，中心高周围低，平行时右高左低。主桌应总是处在突出的位置，桌子较多时要设桌次牌。

1）两桌横排的桌次：面向正门，右高左低（见图 7-3）。

2）两桌纵排的桌次：距正门远近，远高近低（见图 7-4）。

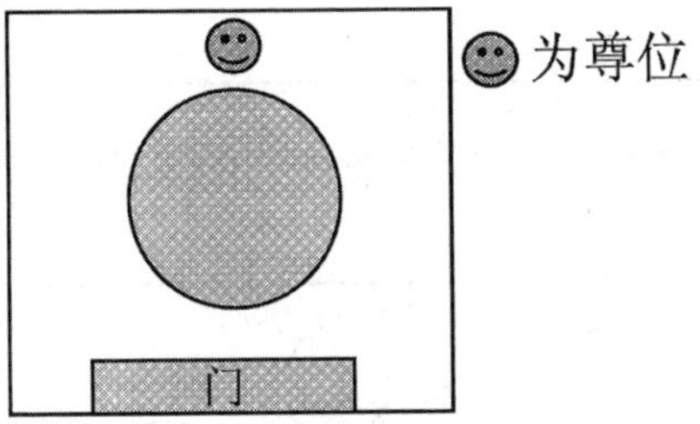

图 7-1　单桌宴请的尊位确定

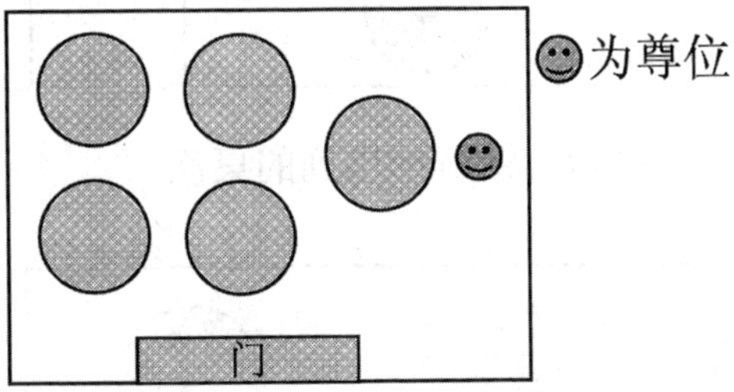

图 7-2　多桌宴请的尊位确定

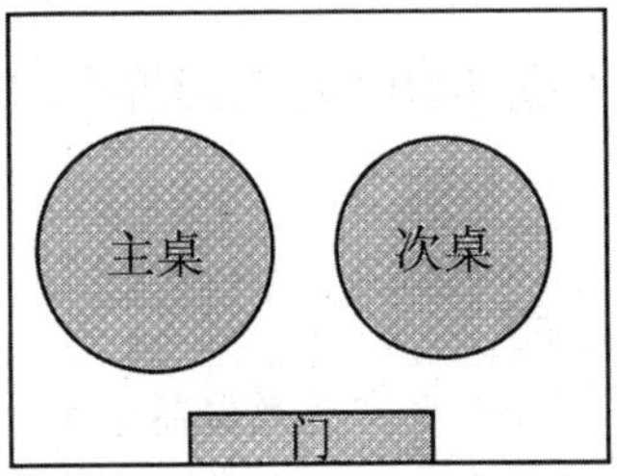

图 7-3　两桌横排的桌次

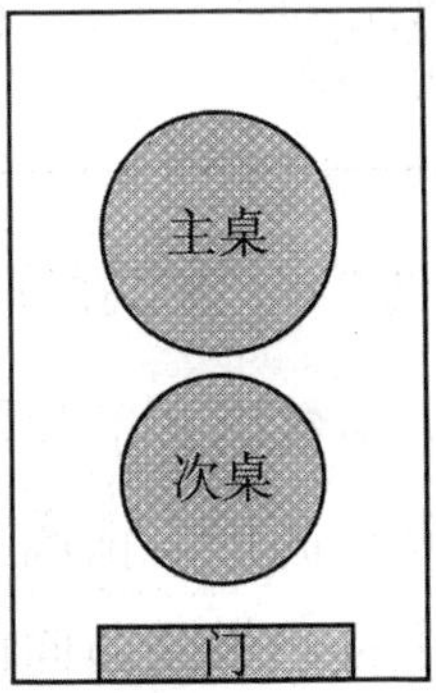

图 7-4　两桌纵排的桌次

3）三桌或三桌以上的桌次：面门为上，其他桌次以右为上，以离主桌近为上，以离门远为上，如图 7-5～图 7-10 所示。

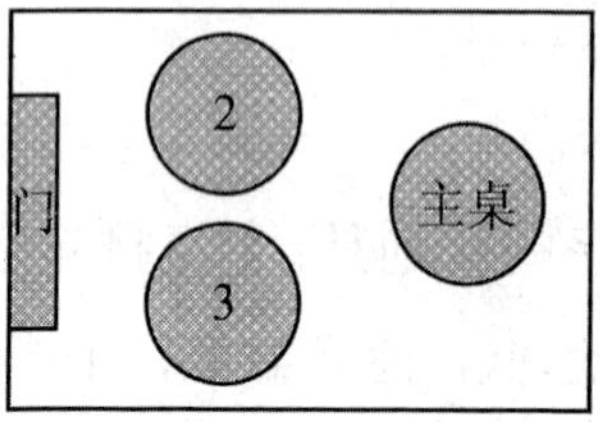

图 7-5 “品”字形排列的桌次

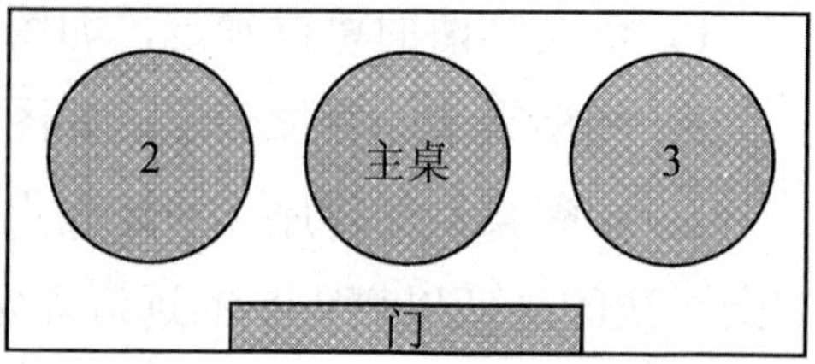

图 7-6 并列式排列的桌次

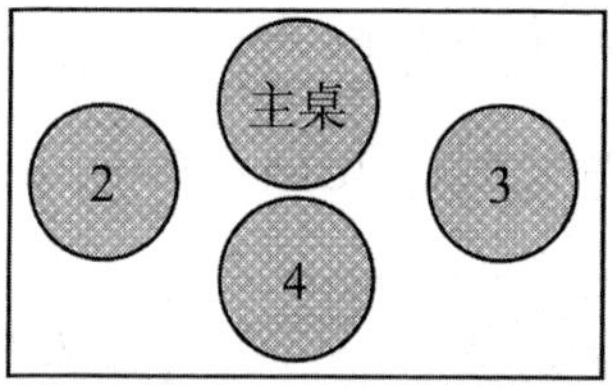

图 7-7 钻石形排列的桌次

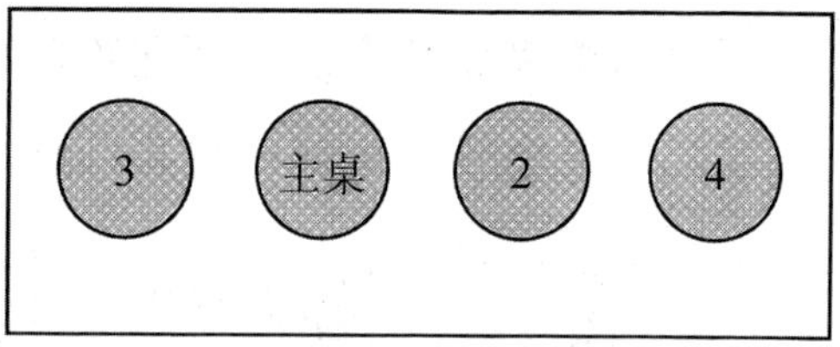

图 7-8 “一”字形排列的桌次

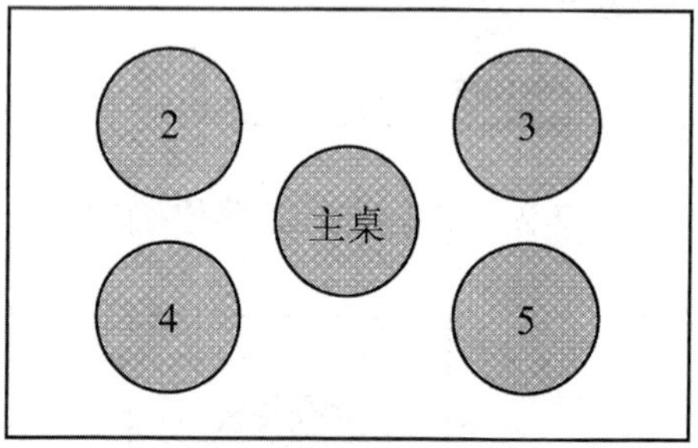

图 7-9 轴心排列的桌次

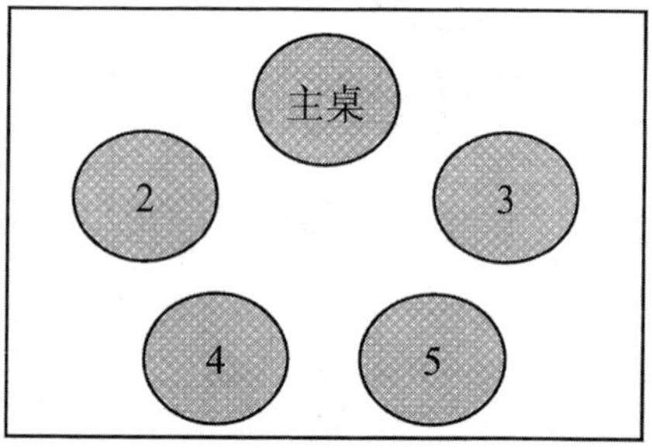

图 7-10 梅花形排列的桌次

（3）中餐席位的排序　同一餐桌上的席位高低，依离主人的远近而定。主位一般是面向门口的正中位置。主人右手位置是主宾席，顺时针方向，按照来宾身份从高到低

提　示

如遇主宾的身份高于主人时，为表示尊重，可安排主宾在主位上就座，而主人坐在主宾的位置上，第二主人坐在主宾的左侧。

排列席位。当有第二主人时，第二主人应坐在主位的对面，其右手一般是主宾的夫人。

具体地说，餐桌位次的具体安排可以分为以下两种情况。

1）每张桌上一个主位的排列方法：每张餐桌上只有一个主人，主宾在其右侧就座，形成一个谈话中心，如图 7-11 所示。

2）每张桌上两个主位的排列方法：如主人夫妇就座于同一桌上，以男主人为第一主人，女主人为第二主人，主宾和主宾夫人分别坐在男女主人右侧，桌上形成了两个谈话中心，如图 7-12 所示。

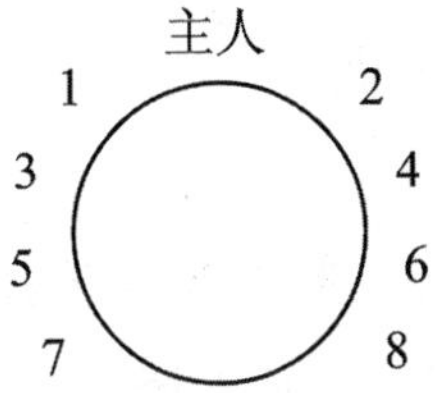

图 7-11　每张桌上一个主位的排列方法

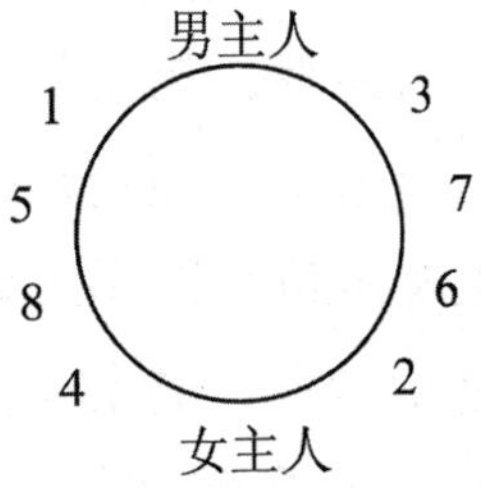

图 7-12　每张桌上两个主位的排列方法

2. 中餐宴会的上菜顺序（见图 7-13）

标准的中餐宴会，不论是何种风味，其上菜的顺序大体相同。通常是首先上冷盘，然后上热炒，随后上主菜，之后上点心和汤，最后上水果拼盘；但粤菜与西餐的上菜顺序相似，先上汤后上菜。当冷盘吃至 1/3 时，开始上第一道热菜，一般每桌要安排 10 个热菜。宴会上桌数再多，各桌也要同时上菜。

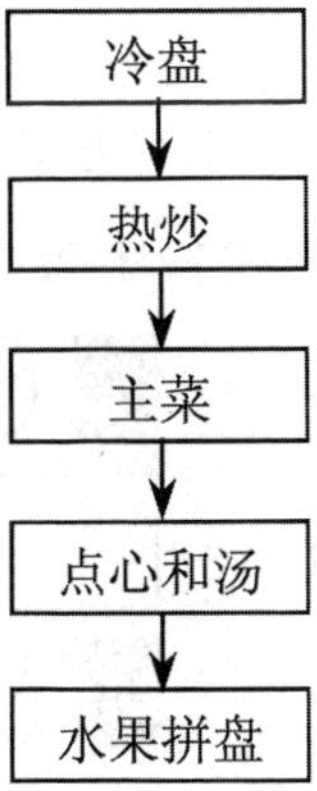

图 7-13　中餐宴会的上菜顺序

上菜时，如果由服务人员给每个人上菜，要按照主宾→次宾→主人的顺序，并且要按顺时针方向依次

进行。如果由个人取菜，每道热菜应放在主宾面前，由主宾开始按顺时针方向依次取食，切不可迫不及待地越位取菜。

三、西餐宴会礼仪

西餐宴会是按照西方国家的礼仪习俗举办的宴会。

1．西餐宴会的座次及桌次

（1）西餐座次安排的原则

1）女士优先：女主人——主位，男主人——第二主位。

2）恭敬主宾：男女主宾分别紧靠女主人和男主人。

3）以右为尊：男主宾坐于女主人右侧，女主宾坐于男主人右侧。

4）面门为上：面对门口者高于背对门口者。

5）距离定位：距主位越近，地位越高。

6）交叉排列：男女交叉安排座位，生人、熟人交叉安排座位。

（2）西式长条餐桌的桌次排序（见图 7-14、图 7-15）

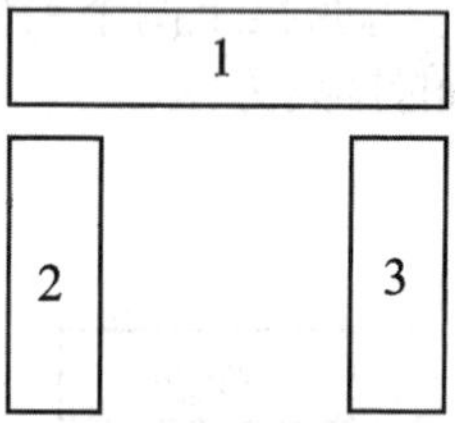

图 7-14　三张餐桌的桌次

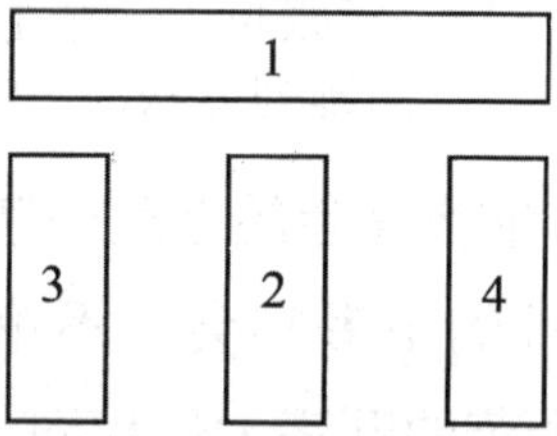

图 7-15　四张餐桌的桌次

（3）西式长条餐桌的座次排序（见图 7-16、图 7-17）

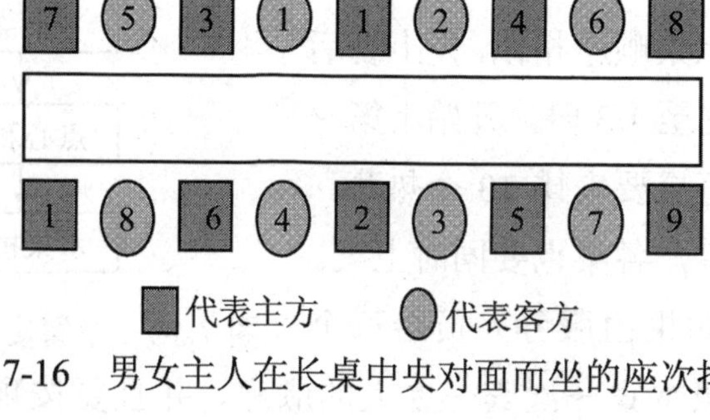

图 7-16　男女主人在长桌中央对面而坐的座次排序

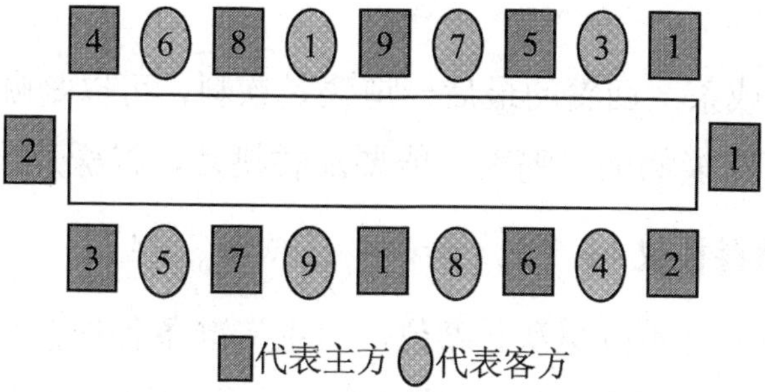

图 7-17　男女主人分别就座于长桌两端的座次排序

2．西餐宴会的上菜顺序（见图 7-18）

（1）头盘　头盘也称开胃品或开胃菜，即开餐的第一道菜，一般有冷头盘和热头盘之分。

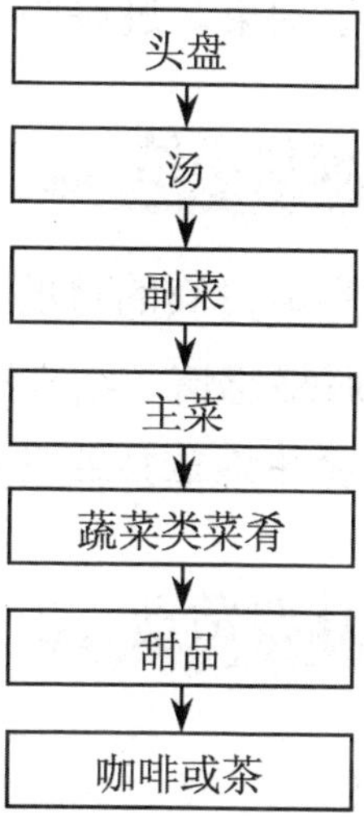

图 7-18　西餐宴会的上菜顺序

（2）汤　汤是西餐的“开路先锋”，只有开始喝汤，才算正式开始吃西餐。汤大致可分为清汤、奶油汤、蔬菜汤和冷汤等四类。

（3）副菜　通常，水产类菜肴与蛋类、面包类、酥盒菜肴均称为副菜。西餐吃鱼类菜肴讲究使用专用的调味汁。

（4）主菜　肉、禽类菜肴是主菜，其中最有代表性的是牛肉或牛排。

（5）蔬菜类菜肴　蔬菜类菜肴可以安排在肉类菜肴之后，也可以与肉类菜肴同时上桌。蔬菜类菜肴在西餐中称为沙拉。与主菜同时搭配的沙拉称为生蔬菜沙拉，一般用生菜、番茄、黄瓜、芦笋等制作；还有一类沙拉是用鱼、肉、蛋类制作的，一般不加调味汁。

（6）甜品　西餐的甜品是在主菜后食用的，可以算作是第六道菜。从真正意义上讲，它包括所有主菜后的食物，如布丁、冰淇淋、奶酪、

水果等。

（7）咖啡或茶　西餐的最后一道菜是饮料，可以是咖啡或茶。喝咖啡一般要加糖和淡奶油，喝茶一般要加香桃片、柠檬片或糖。

四、自助餐礼仪

自助餐是一种不分桌次、席位，由主人准备各种食品（如点心、菜肴、牛奶、咖啡、汽水等），由客人自行取用的进餐方式。这种方式便捷、轻松，主客欢聚一堂，气氛热烈。自助餐一般以100人左右为宜，开始时可以由宾主双方互致祝酒词，但形式较为自然，不必过于正规化和过于拘束。进餐中可以配上美妙的轻音乐，用以助兴。

模块小结

宴请贵宾的目的主要在于应酬答谢、祝贺共勉、增进友谊、协调沟通、联络感情、结交朋友或讨论共同感兴趣的问题等。因此，了解宴请的形式和规范是非常必要的。

体验活动

活动　社会调查

搜集不同地区的饮食习惯。

知识拓展

西方人饮食禁忌

1）忌吃动物内脏。

2）忌吃动物的头和脚。

3）忌吃宠物（如猫、狗、鸽等）。

4）忌吃珍稀动物。

5）忌吃淡水鱼和无鳞无鳍的鱼类（如鳝、鳅、鲶、蛇等）。

模块二　宴请中的礼仪

宴会礼仪是一个双向的礼仪，即主人有主人的礼仪，客人有客人的礼仪。

公司刚圆满完成了一项重要的工作，经理请部门的同事到西餐厅用餐，以表示庆贺。席间，经理就该项工作进行了小结，并提出了表扬。为了表示对经理的尊重，莉莉认真地听取经理的谈话，并放下了手中的刀叉。这时，服务员走过来欲收走莉莉面前的餐盘。“哎，我还没吃完哪！”莉莉对服务员的“擅自”行动表示了强烈的不满，可服务员一脸的无辜……

小思考

莉莉在用餐时因为什么让服务员产生了误会？

模块目标

➢ 了解宴请中的礼仪规范。

➢ 掌握宴请组织礼仪的内容。

➢ 培养良好的应邀赴宴和席间用餐的礼仪习惯。

模块内容

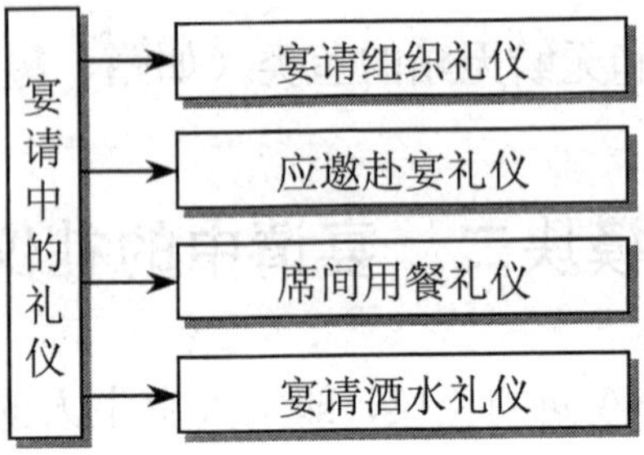

一、宴请组织礼仪

1．中、西餐宴请的组织程序（见图 7-19）

（1）确定宴请的形式及规格、规模　宴请的形式、规格及规模应依据邀请的性质、目的及经费筹备等因素决定。

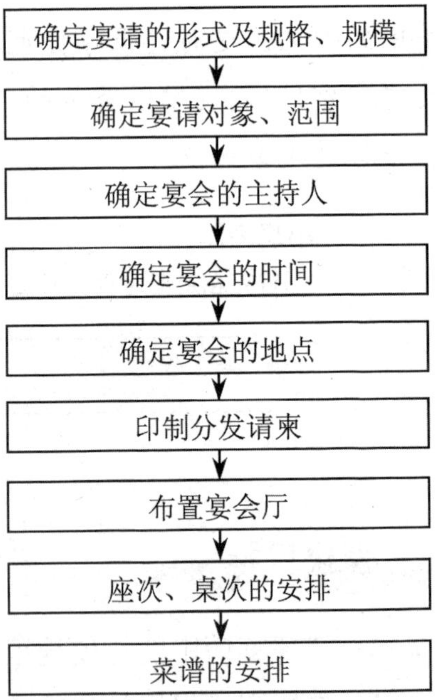

图 7-19　中、西餐宴请的组织程序

（2）确定宴请的对象、范围　宴会的对象、范围要合适。组织者应根据宴会的具体性质，确定好拟请哪些人，多少人赴宴，己方又将由什么人出席作陪。

（3）确定宴会的主持人　宴会主持人必须有一定的组织能力、交际能力、表达能力和控制能力。

（4）确定宴会的时间　时间的安排应充分考虑宾主双方都较为合适这一因素，宾主协商后再发邀请，有时若实在难以兼顾，理所应当从方便

宾客的角度着想，一般不宜安排在对方的重大节日、重要活动之际或有禁忌的时间。

（5）确定宴会的地点　宴请的地点也应有所考虑，如规格高低、费用大小、供应特色、环境情调、交通便利等。宴请的环境体现着主人对宴请的重视程度。一般来说，比较隆重的宴会最好选择熟悉的地点，对其环境、供应和服务都应有所了解。如果是官方隆重的宴请活动，一般安排在政府、议会大厦或宾客下榻的宾馆内举行；其他组织的宴请，有条件的可在本单位的宾馆或附近的饭店、宾馆内进行。

（6）印制分发请柬　发出邀请应及时、规范。凡正式宴请须发请柬，这既是礼貌，也可对客人起到提醒、备忘的作用。请柬要至少提前一周送达，以表诚意。请柬可用红色或粉红色卡片印制，写清参加宴会的时间、地点、宴会名称以及受邀人的姓名。如需对方给予回复，应写清“恭候佳复”等字样，以便客人及早安排。

提　示

便宴经口头约妥后，可不发请柬；工作餐一般不发请柬。国际惯例，邀请夫妇两人时对其只发一张请柬。

（7）布置宴会厅　宴会厅和休息厅的布置取决于活动的性质和形式。官方正式活动场所的布置，应该严肃、庄重、大方，不宜用霓虹灯作装饰，可用鲜花、盆景、常青树等作点缀。如配有乐队演奏国歌或席间乐，乐队不要离得太近，乐声宜轻，最好能安排几首宾主都喜欢的乐曲。宴会休息厅通常放小茶几或小圆桌，与酒会布置相同。

（8）座次、桌次的安排　宴请时的座次，尤其是正式宴请的座次是用以表达主人对宾客的礼遇和尊重的，因此要注意恰当安排赴宴人员的座次。总的原则是既要按礼宾次序的原则进行安排，又要有灵活性，使座位的安排有利于宾主席间交谈，增进宾主友谊。

一般来说，宴会只有一席时，要安排好座次；宴会有几席时，还应安排好桌次。将贵宾安排在主桌上，其他各桌也要有主有客。

（9）菜谱的安排　宴请时的菜谱要根据宴请的性质、目的、形式、规格和经费预算等因素确定。菜谱的安排一般有四条原则，如图 7-20 所示。

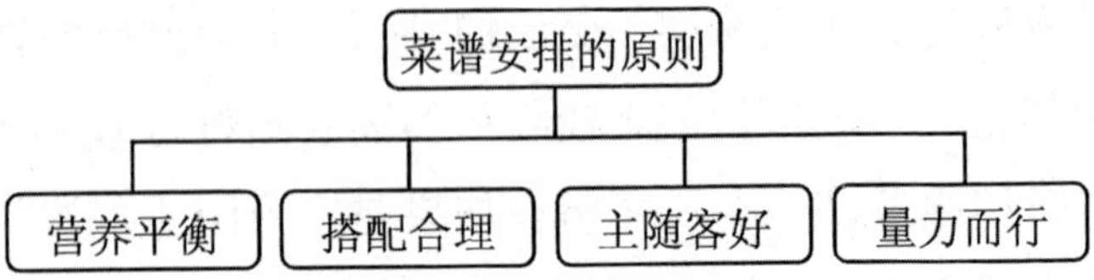

图 7-20　菜谱安排的原则

选菜不应以主人的爱好为准，要考虑到来宾的口味、年龄、习惯、健康状况、风俗习惯、喜好与禁忌等，尤其注意各民族不同的饮食习惯。例如，习惯吃辣的四川人来到北京，就可以为他点些川菜。有些人因年龄或健康的原因不能吃海味，则可安排些其他的菜肴。宴请外国客人不一定总吃西餐，适当来些中国的风味食品可能会更助兴。

2. 自助餐的组织程序（见图 7-21）

（1）备餐的时间　依照惯例，自助餐大都被安排在各种正式的活动之后，作为其附属的环节之一，而极少独立出来单独成为一项活动。也就是说，自助餐多见于各种正式活动之后，是用以招待来宾的活动之一，不宜以此作为一种正式的活动。

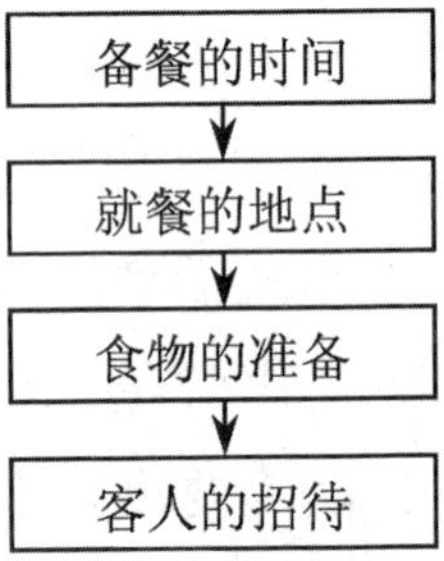

图 7-21　自助餐的组织程序

根据惯例，自助餐的用餐时间不必进行正式的限定，只要主人宣布用餐开始，大家既可动手就餐。在整个用餐期间，用餐者可以随到随吃，大可不必在主人宣布用餐开始之前到场恭候。在用自助餐时，也不像正式的宴会那样，需要统一退场。用餐者只要自己觉得吃好了，在与主人打过招呼之后随时都可以离去。通常，自助餐是无人出面正式宣告结束的。

（2）就餐的地点　一般来说，自助餐安排在室内外进行皆可。通常，大多选择在主办单位所拥有的大型餐厅、露天花园之内进行；有时，也可外租、外借与此相类似的场地。

（3）食物的准备　为了便于就餐，以提供冷食为主，尽可能地使食物在品种上丰富多采。为了方便用餐者进行选择，同一类型的食物应被集中在一处摆放。

一般而言，自助餐所备的食物在品种上应当多多益善。具体来讲，一般的自助餐所供应的菜肴大致应当包括冷菜、汤、热菜、点心、甜品、水果以及酒水等几大类。

在准备食物时，务必要注意保证供应。同时，还需注意食物的卫生以及热菜、热饮的保温问题。

（4）客人的招待　招待好客人，是自助餐主办者的责任和义务。要做到这一点，必须特别注意下列环节。

1）照顾好主宾：主人在自助餐上对主宾所提供的照顾，主要表现在陪同其就餐，与其进行适当的交谈，为其引见其他客人上。主人要注意给主宾留下一点供其自由活动的时间，不要始终伴随其左右。

2）充当引见者：在用餐期间，主人一定要尽可能地为彼此互不相识的客人多创造一些相识的机会，并且积极为其牵线搭桥，充当引见者（即介绍人）。应当注意的是，介绍他人相识前，必须了解彼此双方是否有此心愿，切勿一厢情愿。

3）安排服务人员：小型的自助餐，主人往往可以身兼两职，同时充当服务人员。但是，在大规模的自助餐上直接与用餐者进行正面接触的主要是服务人员。一般来说，自助餐上的服务人员需由健康而敏捷的男性担任。

二、应邀赴宴礼仪（见图 7-22）

宴会中主人的礼仪

- 步骤1 迎宾：主人应站在大厅门口迎接客人
- 步骤2 引导入席：主人陪主宾进入宴会厅主桌，接待人员引导其他客人入席
- 步骤3 致祝酒词：言简意赅、热情友好
- 步骤4 用餐：融洽气氛，掌握进餐速度
- 步骤5 送别：热情相送，感谢光临

宴会中客人的礼仪

- 步骤1 应邀：核实信息，尽早答复；适度修饰，着装要庄重、高雅
- 步骤2 适时到达：正点或早到3～5min，身份高着可以晚些到达
- 步骤3 赠花：赠送花束或花篮，也可准备些小礼品赠送
- 步骤4 入座：按指定的桌次和座次就座，并且应在主人、主宾之后就座或与大家一起就座
- 步骤5 祝酒：主人敬酒时，应起立举杯，碰杯时要目视对方，以致意
- 步骤6 用餐：融洽气氛，掌握进餐速度
- 步骤7 致谢：以便函或名片表示感谢

图 7-22 应邀赴宴礼仪

提　示

① 接到邀请后及时答复主人，一旦确定去否，就不可随意变动。特殊情况不能及时参加，应尽早通知对方并解释、道歉。

② 国外赴宴的习惯是正点或晚到 3～5min。

③ 最得体的入座方式是从左侧入座（见图 7-23）。

④ 邻座是长者或女士时，应主动为其拉开椅子，协助他们坐下。

⑤ 入座后，姿势要端正，不可将手托腮或双肘放在桌上（见图 7-24）。

⑥ 宾主致辞的时候，所有人要停止进食和交谈。

⑦ 用餐时，上臂和背部要靠到椅背上，腹部和桌子要保持约一个拳头的距离，最好避免两脚交叉的坐姿（见图 7-25）。

⑧ 宴会上的招待品，如糖果、水果、香烟等，不应带走。

图 7-23　左侧入座

图 7-24　手托腮、双肘放在桌上

图 7-25　正确坐姿

三、席间用餐礼仪

1. 参加中餐宴会的礼仪

根据中餐的特点和食用习惯，参加中餐宴会时要注意以下几点。

（1）维护形象　要注意餐桌举止，餐桌上不整理服饰，不吸烟。上菜后不要先拿筷子，应等主人邀请，主宾动筷子时再拿筷子。取菜时要相互礼让，依次进行，不要争抢。取菜适量，不要把对自己口味的好菜一人“包干”。不要在吃饭、喝饮料、喝汤时发出声响。餐具不慎碰掉，不必拾起，也无需向服务人员道歉，做到不动声色就好。不慎摔碎餐具，应道歉并赔偿。

失　礼

以下几点是失礼的行为：

① 当众整理服饰或当众剔牙等。

② 取用的食物过烫，用勺子将其翻来覆去，或用嘴对它吹来吹去。

③ 用餐前的湿巾擦脸、擦嘴、擦汗。

④ 说话时喷出唾沫，嘴角留有白沫。高声谈话，影响他人。

⑤ 咳嗽、打喷嚏或打哈欠时，没有转身低头用手绢或餐巾纸捂着。

⑥ 为他人夹菜时，使用自己的筷子和汤匙。

⑦ 夹菜时一路滴汤，筷子粘满食物后用嘴吮吸。

⑧ 将喝入口中的东西再吐回水杯中（如茶叶）。

⑨ 在餐桌上化妆，用餐巾擦鼻涕。

⑩ 往地上和桌子底下扔东西。

⑪ 取用较远的东西时，离座伸手去拿。

（2）不劝酒不夹菜　为表示友好、热情，彼此之间可以祝酒，但不要劝酒，可以让菜，劝对方品尝，但不要为他人夹菜。不要擅自做主，不论对方是否喜欢，主动为其夹菜、添饭，让人家为难。

（3）使用筷子　在餐桌上使用筷子要注意：一是不要“品尝”筷子（即舔筷）；二是不要“舞动”筷子；三是不要“敲击”筷子；四是不要“插放”筷子；五是不要“滥用”筷子；六是不要“跨放”筷子。

（4）使用汤匙　在餐桌上使用汤匙（勺子）要注意：一是不要单用汤匙去取菜；二是暂且不用汤匙时，应置之于自己的食碟上；三是使用汤匙取用食物后应立即食用，不要把它再次倒回原处；四是食用汤匙里盛放的食物时，尽量不要把汤匙塞入口中或反复吮吸它。

（5）使用碗　在餐桌上使用碗要注意：一是不要端起碗来进食，尤其是不要用双手端碗；二是应以筷子、汤匙辅助食用碗内食物，不能直接下手或不用任何餐具而以嘴吸食；三是碗内若有食物剩余时，不可将其直接

倒入口中，也不能用舌头伸进去乱舔；四是暂且不用的碗，碗内不宜乱扔东西，如用作骨碟、烟缸等；五是不能把碗倒扣过来放在餐桌上。

（6）席间谈话　主人应主动提出交谈话题，不要只同个别人交谈，不要一言不发，也不要大声说话或哈哈大笑、窃窃私语，更不要一边说话一边进食。

（7）遵守时间　如果宴会没有结束，无论是否已用好餐，都不要随意离席，要等主人和主宾餐毕先起身离席，其他客人才能依次离席。不应在进餐中途退席，确实需要离开，要向左右的客人小声打招呼。吃完饭，主人宣布宴会结束后要寒暄两句再走。

2．参加西餐宴会的礼仪

（1）餐巾的使用

1）餐巾的用途（见图 7-26）：

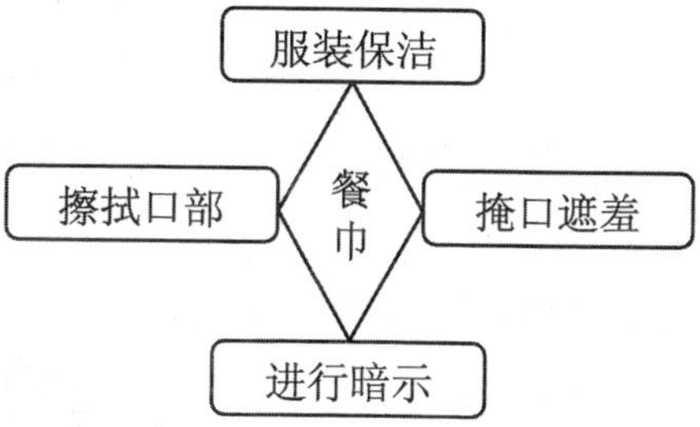

图 7-26　餐巾的用途

2）餐巾的暗示：

① 女主人铺开餐巾，暗示用餐开始。

② 女主人把餐巾放在桌上，暗示用餐结束。

③ 将餐巾放在椅面上，暗示暂时

失　礼

以下几点是失礼的行为：

① 将餐巾掖于领口，围在脖子上，塞进衣襟里或系在裤腰上。

② 暂时离开座位时，把餐巾放在桌上，这其实表示用餐完毕。

离开。

3）餐巾的铺放：餐巾应平铺在自己并拢的大腿上，最好用双手打开餐巾，并将其折放的整个过程悄然进行于桌下，切勿临空一抖，吸引他人注意。

（2）刀叉的使用

1）刀叉的区别：正规的西餐宴会，讲究吃一道菜换一副刀叉。刀叉一般有吃黄油用的黄油餐刀、吃鱼用的刀叉、吃肉用的刀叉、吃甜品用的甜点叉等。

黄油餐刀一般横放在左侧餐叉前方的面包盘上，其他刀叉则是在餐盘左右，并且右刀左叉。使用的时候，依次由两边的外侧向内侧取用。

甜点叉最后使用，一般在餐盘的正上方横放点心刀和甜点叉，且刀把朝右，叉把朝左，如图 7-27 所示。

2）常规用法：使用刀叉时，从外侧向内侧取用刀叉，要左手持叉，右手持刀；切东西时，左手拿叉按住食物，右手拿刀将食物切成小块，用叉子往嘴里送。用刀的时候，刀刃不可以朝外。刀叉的用法，如图 7-28 所示。

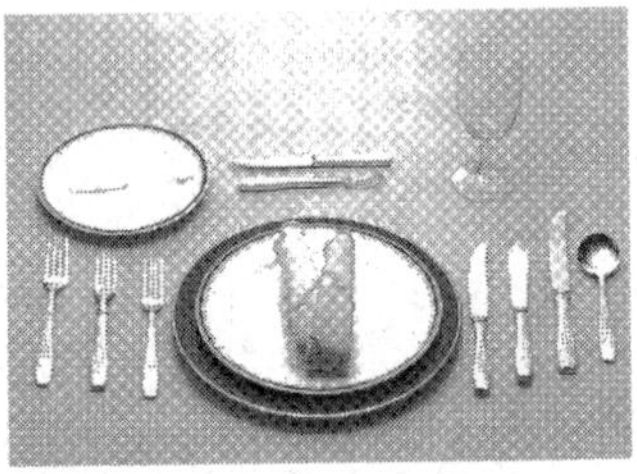

图 7-27　刀叉的区别

图 7-28　刀叉的用法

3）刀叉的暗示：

① 暂停用餐：刀右叉左，刀口向内、叉齿向下，呈“人”字形摆放在餐盘之上，它的含义是此菜尚未用毕（见图 7-29）。

② 用餐完毕：刀口内向、叉齿向上，刀在餐盘右边、叉在餐盘左边并排纵放（见图 7-30），或者刀上叉下地并排横放在餐盘里，并且握把皆向右，它的含义是服务人员可以连刀叉带餐盘一块收掉。

提　示

① 切割食物时，不可弄出声响。
② 切割食物时，双肘下沉，忌左右开工。
③ 食物切割的大小应刚好适合一下子入口为宜，且应以餐叉送入口。
④ 注意刀叉朝向。
⑤ 掉在地上的刀叉切勿再用，可请服务人员另换一副。
⑥ 谈话时，可以拿着刀叉，不用放下来，但不要挥舞。
⑦ 任何时候都不要将刀叉的一端放在盘上，另一端放在桌上。
⑧ 取食时，拿不到的食物可以请别人传递，不要站起来。
⑨ 对自己不愿吃的食物也应要一点放在盘中，以示礼貌。

图 7-29　暂停用餐

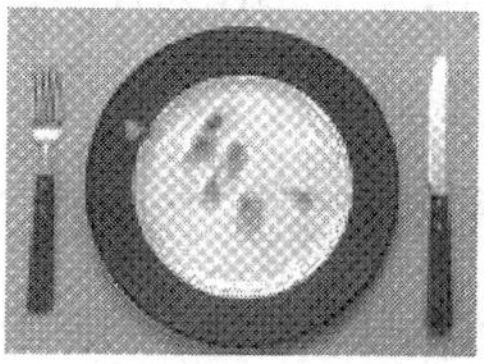

图 7-30　用餐完毕

（3）餐匙的使用

1）餐匙除了可以用来饮汤、用甜品之外，绝对不可直接用来舀取红茶、咖啡以及其他任何主食、菜肴。

提　示

参加西餐宴请在不知如何使用餐具的情况下，有一个原则：紧跟女主人或在场的熟知西餐礼仪知识的人的举动来选择和使用餐具。

2）取食物勿过量。

3）使用餐匙的动作应干净、利索。

4）应保持餐匙的整洁干净。

5）已经使用的餐匙不可再次放回原处，正确的做法是将其暂放于餐盘之上。

（4）进食的方法

1）主菜（见图 7-31）：用刀切割，一边切一边吃。吃有骨头的肉不要直接“动手”，要用叉子把整片肉固定住，再用刀沿骨头插入，把肉切开，边切边吃。吃鱼时不要把鱼翻身，吃完上层后用刀叉剔掉鱼骨后再吃下层。如果骨头很小，可以用叉子把它放进嘴里，在嘴里把肉和骨头分开后再用餐巾盖住嘴，把骨头吐到叉子上然后放到碟子里。如果食用需要直接“动手”的肉，洗手水往往会和肉同时端上来，一定要时常用餐巾擦拭手和嘴。

2）色拉（见图 7-32）：如果色拉是一大盘端上来的，食用时就需要使用沙拉叉。如果沙拉和主菜放在一起，则要使用主菜叉来吃。将大片的生菜叶用叉子切成小块，如果不好切可以刀叉并用，一次只切一块，吃完再切。

3）面条和面包（见图 7-33）：面条要用叉子卷妥再食用。面包用手撕成小块放入口中，不能用嘴直接咬或者用刀叉剥食，要以牛油刀或餐刀涂抹牛油，并且防止面包碎片跌落在餐桌上。

图 7-31　主菜

图 7-32　色拉

图 7-33　面条和面包

4）意大利面（见图 7-34）：吃意大利面，要用叉子慢慢地卷起面条，每次卷四五根最为方便。也可以用餐匙和叉子食用意大利面，餐匙可以帮助叉子控制滑溜溜的面条。吃意大利面不能直接用嘴吸，不然容易把汁溅得到处都是。

5）汤（见图 7-35）：用汤匙由内往外舀，不可将汤碗端起来喝，也不能吸着喝。喝汤时不要舔嘴唇，或咂嘴发出声音。即使汤菜再热，也不要用嘴吹，应用汤匙由后往前将汤舀起，汤匙的底部放在下唇的位置，然后将汤送入口中。碗里的汤剩下不多时，可用手将碗略微抬高。吃完后，将汤匙留在汤盘里，匙把指向自己。

6）水果（见图 7-36）：吃水果时需用叉子取用。嘴里有果核时，先轻轻吐在叉子上，再放入盘内。

图 7-34　意大利面

图 7-35　汤

图 7-36　水果

3．自助餐礼仪

自助餐礼仪，主要是指在以用餐者的身份参加自助餐时所需要具体遵循的礼仪规范。

（1）排队取菜　用餐者吃自助餐时讲究先来后到，排队选用食物，不允许乱挤、乱抢、乱加队，更不允许不排队。

在取菜之前，先要准备好一只餐盘。轮到自己取菜时，

失　礼

以下几点是失礼的行为：

① 混用专用菜夹。

② 使用已用过的餐盘。

③ 在众多的食物面前犹豫再三，让身后的人久等。

④ 取菜时挑挑拣拣，甚至直接下手或以自己的餐具取菜。

⑤ 在主桌前交谈或吃食，妨碍他人。

应以公用的餐具将食物装入自己的餐盘之内，然后迅速离去。

（2）循序取菜　原则上按照生菜、色拉、主食、甜点、水果的顺序取菜（见图 7-37），一次取 2～3 样。因此，在取菜时最好先在全场转上一圈，了解一下情况，然后再去取菜。选用牛排、猪排、鱼排等食物时，需遵照西餐的礼仪食用。

图 7-37　循序取菜

（3）“多次少取”原则　适量地取自己爱吃的品种，多取几次无妨。盘子如果堆得太满，既不雅观，又会混淆原味。这样不仅会给人贪心的印象，还会减损食物的美味。

（4）避免外带　自助餐只许可用餐者在用餐现场自行享用，绝对不许可在用餐完毕后把食物携带回家。

（5）送回餐具　在一般情况下，自助餐大都要求用餐者在用餐完毕之后，自行将餐具整理到一起，然后一并将其送回指定的位置。在庭院、花园里享用自助餐时，尤其应当这么做。不允许将餐具随手乱丢，甚至任意毁损餐具。在餐厅里就座用餐，有时可以在离去时将餐具留在餐桌上，而由服务人员负责收拾。虽然如此，但是也应在离去前对餐具稍加整理为好，不要弄得餐桌上杯盘狼藉、不堪入目。自己取用的食物，以吃完为宜，万一有少许食物剩了下来，也不要乱丢、乱倒、乱藏，而应将其放在适当之处。

（6）照顾他人　在参加自助餐时，除了对自己用餐时的举止表现要严加约束之外，还需要与他人和睦相处。在用餐的过程中，对于其他不相识的用餐者应当以礼相待。在排队、取菜、寻位以及行动期间，对于其他用餐者要主动加以谦让，不要目中无人、蛮横无理。

（7）积极交际　一般来说，参加自助餐时，吃东西往往属于次要的事，而与其他人进行适当的交际活动才是自己最重要的任务。因此，要主动寻找机会，积极地进行交际活动。首先，应当找机会与主人攀谈一番；其次，应当与老朋友叙叙旧；最后，还应当争取多结识几位新朋友。

四、宴请酒水礼仪

酒水是用来佐餐、助兴的各种酒类的统称。酒是指含酒精的饮料；水是指不含酒精的软饮料。善于饮酒的人不仅能饮，而且会饮。要真正做到善用酒水，合乎礼仪。

1．常见酒水（见表 7-2）

表 7-2　常见酒水

酒水的种类	酒 水 特 点	酒 具 搭 配	饮 用 温 度
白酒	地道的中国酒、蒸馏酒、烈性酒，酒精度较高	专用的小瓷杯、玻璃杯	常温，故不加温、加水、加冰
啤酒	发酵酒，酒精度较低	倒三角形或带把的啤酒杯	饮用最佳温度为 7° 左右，勿加冰或久冻
葡萄酒	以葡萄为原料，经榨汁、发酵酿制而成的原汁酒，酒精含量大多在 9.5°～13° 之间	高脚玻璃杯	白葡萄酒饮用的最佳温度为 7°，一般加冰块饮用；红葡萄酒饮用的最佳温度为 18°，不宜加冰块，更不能加可乐、雪碧等饮料
香槟酒	以葡萄为原料，通过香槟法工艺酿制而成的含有二氧化碳气体的葡萄酒，一般用红、白两种葡萄酒混合制成	郁金香形或浅碟形高脚玻璃杯	饮用的最佳温度为 6°～8°，饮用前应暂时冷藏于冰桶内

（续）

酒水的种类	酒水特点	酒具搭配	饮用温度
白兰地酒	用葡萄汁发酵之后蒸馏而成，又称蒸馏葡萄酒	大肚收口矮脚杯	饮用的最佳温度为 18°，右手托住杯身观其色彩，并以手掌加温
威士忌酒	谷物发酵酿造而成的烈性蒸馏酒，酒精度一般 40° 左右	平底小玻璃杯	可干喝或加入冰块、苏打水或姜汁饮用
鸡尾酒	混合型的酒，并非某一种类的酒，而是用各种不同的酒以及果汁、汽水、蛋清、糖浆等其他饮料调配而成	高脚广口玻璃杯	饮用前需用冰镇的方法冷却

2. 酒菜搭配

酒水的主要功能是在用餐时开胃助兴。然而欲使酒水正确地发挥这一作用，就必须懂得酒菜搭配之道。唯有如此，二者才会相得益彰。

（1）中餐　正式的中餐宴会通常要上白酒与葡萄酒（多为甜红葡萄酒）两种，一般不上啤酒。通常，在每位用餐者正前方排列着大小不等的三只杯子，自左而右依次是白酒杯、葡萄酒杯、水杯。在搭配菜肴方面，中餐所选的酒水讲究不多，爱喝什么酒就可以喝什么酒，想什么时候喝酒都可完全自便。

> 示　范
>
> **酒杯拿法**
>
> 饮用冰镇的香槟或加入冰块的白葡萄酒，应手持酒杯杯腿；饮用常温的红酒，应手握杯身；饮用温度要求稍高的白兰地酒，则手托杯底加温。
>
> 忌：双手持杯、手托杯腿、手指搭在杯口、用手捂住酒杯。

（2）西餐　酒水与菜肴的搭配是十分严格的。

1）餐前酒（开胃酒）：一般为酒精浓度低、较清爽的种类，如鸡尾酒（见图 7-38）、香槟酒（见图 7-39）等。餐前酒主要有雪利酒（Sherry）、基尔酒（Kir）、皇家基尔酒（Kir Royal）、意大利苏打红酒（Campari Soda）、苦艾酒（Vermouth）和含羞草酒（Mimoza）等。

图 7-38　鸡尾酒

图 7-39　香槟酒

2）佐餐酒（餐酒）：佐餐酒是在正式用餐期间饮用的，佐餐酒均为葡萄酒且大多为干或半干。饮用佐餐酒讲究“白酒配白肉，红酒配红肉”。这里所说的白肉，即鱼肉、海鲜、鸡肉，吃它们时应以白葡萄酒搭配。这里所说的红肉，即牛肉、羊肉、猪肉，吃它们时应配以红葡萄酒。

3）餐后酒：在用餐过后饮用餐后酒，不但能够帮助消化，同时也是为了享受用餐后的好气氛。常见的餐后酒有白兰地酒、利口酒（Liqueur）、鸡尾酒等。最有名的餐后酒是白兰地酒。

3．敬酒干杯

在较为正式的场合，饮用酒水颇为讲究具体的程式。在常见的饮酒程式中，斟酒、祝酒、干杯应用得最多。

> 示　范
>
> **叩　指　礼**
>
> 以右手拇指、食指、中指捏在一起，指尖向下，轻叩几下桌面，表示向对方致敬。

（1）斟酒　中餐中有“酒满敬人、茶满赶人”的说法，因此白酒、啤酒需斟满，但西餐中斟酒只需要斟七分满。

别人为自己斟酒，可回敬以叩指礼。主人亲自来斟酒时，则必须端

起酒杯致谢，必要时还需以起身站立或欠身点头为礼。主人为来宾所斟的酒，应是本次宴会上最好的酒，并应当场启封。

（2）敬酒　敬酒也称祝酒。它具体所指的是，在正式宴会上由主人向来宾提议，为了某种事由而饮酒。在敬酒时，通常要讲一些祝愿、祝福之言。在正式宴会上，主人与主宾还会郑重其事地发表一篇专门的祝酒词。因此，敬酒往往是酒宴必不可少的一项程序。

提　示

斟酒时要注意三点：

① 要面面俱到，一视同仁。

② 要注意顺序。可以依顺时针方向，从自己所坐之处开始，也可以先为尊长、嘉宾斟酒。

③ 斟酒需要适量。

敬酒可以使现场氛围热烈而欢快。通常，致祝酒词最适合在宾主入席后、用餐开始前进行。祝酒词内容愈短愈好，千万不要连篇累牍、喋喋不休，让他人等候良久。在他人敬酒或致辞时，其他在场者应一律停止用餐或饮酒，应坐在自己座位上，面向敬酒或致辞者认真地倾听。对他人的所作所为，不要小声讥讽或公开表示反感。

（3）干杯　干杯指的通常是在饮酒时，特别是在祝酒、敬酒时以某种方式劝说他人饮酒，或是建议对方与自己同时饮酒。在干杯时，往往要喝干杯中的酒。有的时候，干杯者相互之间还要碰下酒杯，所以它又被叫作碰杯。

中餐中有碰杯或过桥（碰桌面）的说法，干杯时应起身站立，右手端起酒杯至双眼高度，口道“干杯”，一饮而尽或饮去适当的量。喝完后，需举杯表示谢意。人多时可同时举杯，不需逐一碰杯。碰杯时，杯子不要高于对方的杯子。此外，要尊重对方的饮酒习惯和意愿，不以各种理由逼迫对方喝酒。

西餐中切忌碰杯，祝福干杯讲究只用香槟酒，而绝不可以啤酒或其他葡萄酒滥竽充数。饮香槟干杯时，应饮去酒杯中一半的酒为宜，但也

要量力而行。在西餐宴会上，人们是只祝酒不劝酒，只敬酒而不真正碰杯的。使用玻璃酒杯时，尤其不能彼此碰杯。在西餐宴会上，越过身边的人而与相距较远的人祝酒干杯，尤其是交叉干杯也不允许。

模块小结

宴请是一种社交、礼宾活动，为获得成功，宾主双方都必须事先做好周密的筹划与安排。宾主双方都必须遵循用餐礼仪及规范，以体现对对方的尊重。

体验活动

活动一 课后讨论

1. 如要拿取远处的食品，能否跨过邻座直接拿取？
2. 如不小心将酒水洒到邻座，应如何处理？
3. 如何有礼貌地递送餐巾？
4. 如何有礼貌地使用牙签？
5. 如夹到连串菜肴，应如何处理？
6. 宴请过程中，轻松的话题有哪些？

活动二 情景实训

如果让你组织一个宴请活动，要做哪些前期准备工作？

1）分组讨论：如何严格、细致地做好宴请活动的前期准备工作？

提示：从七方面（规格、种类、席位、桌次、时间、地点和邀请何人）讨论。

2）分组练习迎客、送客、斟酒。

知识拓展

宴请的5M原则

Meeting —— 要会见的人：安排陪客时应注意主客关系及座次。

Money —— 费用：量力而为，勤俭节约。

Manu —— 菜单：要考虑客人的爱好及禁忌。

Media —— 环境：卫生、安全、交通便利。

Manner —— 举止：文明礼貌的举止是非常重要的。

第八单元 求职面试礼仪

求职面试礼仪是毕业生和应聘者开始新工作前最重要也是最需要学习的课题，因为它关系到毕业生和应聘者能否顺利踏入社会，能否寻找到一份合适、满意的工作。

单元提要

- 面试前的准备
- 面谈礼仪
- 面谈后续礼仪

面试是求职成功的临门一脚！

模块一　面试前的准备

求职是用人单位和应聘者的双向选择，是一个应聘的过程。“求”是申请的意思，而非哀求、请求的意思。应聘者要做好自我定位，以自己的专业知识、能力与才华打动面试官，赢得岗位。

小丽接到了一个外资公司的面试通知。为了这次面试，小丽早早地做好了充足的准备——无论是求职信、个人简历还是面试着装，都请教过很多人，堪称完美的“备战”。

面试进行得很顺利。无论说起社会经历还是说起专业技能，主考官对她都很满意。就在面试接近尾声的时候，主考官忽然问：“小丽，我看你事先做了很充分的准备，这说明你对我们公司以及这个职位是很重视的。那你知道我们公司是从事哪方面业务的吗？”“这个……”小丽一下子就懵了。半晌，小丽才尴尬地说：“嗯，对不起，先生，因为我只是应聘总经理秘书，没有对这方面进行足够的了解……”

主考官微笑着说：“好了，我们今天的面试就到这里结束了。你可以走了。”

自然的，小丽没有得到这份工作……

小思考

小丽为什么没有得到这份工作？

____

____

____

____

模块目标

➢ 了解面试前的各项准备。

➢ 能够针对面试，做好面试前的心理调适。

模块内容

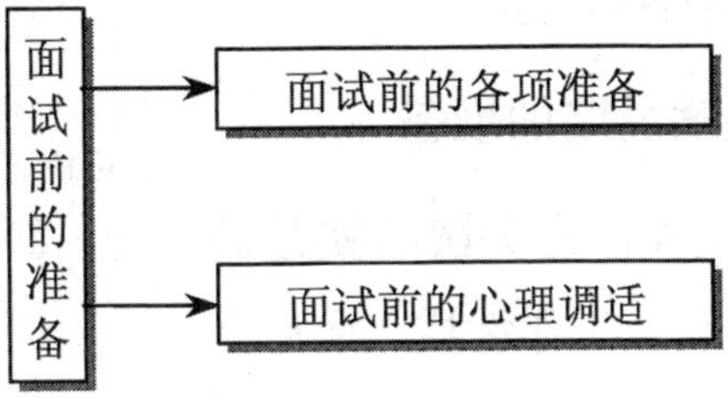

一、面试前的各项准备

1. 对招聘单位的了解

试想哪家企业会要一名对自己企业毫不了解的员工？！在面试前，应聘者需要对招聘单位进行了解，做到知己知彼是面试准备中的一项重要工作。

尽可能搜集有用的应试信息，了解企业的文化和人才需求情况，问问自己哪些方面与企业的用人要求是相吻合的，并从中找到契合点来进行面试资料的准备。

> **提 示**
>
> **搜集应聘公司咨讯**
>
> ①行业前途。
> ②在同行中的地位。
> ③业绩的推移。
> ④地理位置。
> ⑤规模。
> ⑥企业变革。
> ⑦特色。
> ⑧工作强度。
> ⑨经营方式和理念。
> ⑩将来性（如是否会改革）。
> ⑪物质待遇。

2. 对个人技能的准备

考虑到面试有可能进行技能操作方面的测试，应聘者最好做好个人技能方面的准备。例如，提前将技能操作方面训练一下，不致到时手忙脚乱，慌张中乱了分寸，失掉这次机会。

3. 对面试提问的准备

面试过程中，面试官会向应聘者提问，而应聘者的回答将成为面试官考虑是否接

受他的重要依据。对应聘者而言，了解这些问题背后的含义至关重要。假设面试官会问些什么问题，应聘者面试前可以适当做些准备，这样不至于使应聘者碰到问题时不知所措。

> **提 示**
>
> **面试十大考题**
>
> ① 3min 的自我介绍。
>
> ② 您认为自己有什么优点及缺点？
>
> ③ 有什么兴趣及嗜好？
>
> ④ 为何到本公司应聘？
>
> ⑤ 为何选择这份工作？
>
> ⑥ 公司若需要加班，您能否配合？
>
> ⑦ 如果有职务或部门的调整，您能否配合？
>
> ⑧ 过去的工作经验如何？
>
> ⑨ 对工作的期望与目标为何？
>
> ⑩ 您何时可以正式上班？

4. 对面试仪表着装的准备

初入职场的仪表，最关键的就是做到适合，既适合身份、工作性质，又与公司要求的风格相符。所以，平时要做一个有心人，经常留意身边大多数同学、朋友的着装和应聘单位的企业文化氛围。把握住了离我们最近的着装风格，就可以帮助我们以最快的速度打动面试官。

（1）休闲类的着装　如果是应聘广告、策划、市场营销等工作内容比较轻松、上班时间较自由的职位，则可穿着休闲、时尚的服装，突出自己的青春和朝气。建议穿针织衫和同色系的长裤，颜色可稍显活泼，但不能花哨（见图 8-1）。

图 8-1　休闲类的着装

（2）职业类的着装　如果打算应聘公务员、职员、助理等工作内容比较严肃、工作时间比较固定的职位，最好穿着端庄、简洁、职业化的服装。建议穿白色的有领衬衣、长过膝盖的中裙或西装裤，配以面料较硬的外套，色彩以淡雅为宜（见图 8-2）。

图 8-2　职业类的着装

（3）手袋的搭配　手袋不要太大，能够放下求职资料即可。建议用面料较硬的布包，样式应偏于职业化，包上面最好不要有卡通花纹或吊坠等。男士手袋，如图 8-3a 所示；女士手袋，如图 8-3b 所示。

a）　　　　b）

图 8-3　手袋的搭配

a）男士手袋　b）女士手袋

（4）职位与化妆　应聘者面试应以气质取胜，形象以简朴、大方为宜。浓妆艳抹的应聘者不仅显得格调不高，更容易让企业误认为没心思工作。女性应聘者稍化淡妆，略修眉毛，采用自然色系的口红即可（见图 8-4）；而男性应聘者则要穿着整洁，头发需梳理整齐，最好不要留胡须。

图 8-4　女性职业妆

5．对面试物品的准备

面试前的物品准备包括公文包、求职记

录笔记本、多份打印好的简历、面试准备的材料、个人身份证、登记照等，所有准备好的文件都应该平整地放在一个牛皮纸的信封或文件夹里。

应聘者应准备好预拟的程序，记下应聘公司、职务及联络人、联络方式等信息，并查找交通路线，以免面试迟到。

二、面试前的心理调适

很多人在面试前会产生紧张及焦虑的情绪，这是很正常的，要正确地对待这种情绪。应聘者在面试前要做适度的心理调适，面试时将自己的心态收拢起来，以谨慎、积极、认真的态度面对面试官，这样有助于发挥水平，通过面试。

1. 正确的自我评价

求职是再次认识和剖析自己的过程，重新思考自己哪些事情做得比较好，重新寻找自己的优点和缺点。应聘者应实事求是地评价自己，既不要盲目自卑，也不要妄自尊大。

2. 端正认识

应聘者应该保持平稳和乐观的态度面对求职过程中遇到的各种问题，正确认识包括面试在内的整个考试的意义，不要把它当成自己的唯一出路，要知道“条条大路通罗马”。

3. 情境表演

设计一些面试题目和答案，模拟面试考场，找一个人与自己进行情境表演，注意分析、总结模拟的经验。同时，经常与身边的同学交流面试经验，就一些招聘人员可能会提出的问题，一起讨论怎样才能比较得当地回答。通过交流，应聘者往往可以获得更多的启发和帮助。

4. 正常的饮食、睡眠作息

应聘者可采取下述的即时性调适方法，让自己平静下来。

（1）尽量放松身体　身心相通，当身体放松时，紧张的心理也就得

到了缓解。应聘者可采用开怀大笑、散步、洗澡等多种方式来放松自己，但要注意的是放松不是放纵，不要在面试的前夜太过放纵自己，通宵的娱乐活动显然不适合面试前的调适。

（2）保证充足的睡眠　面试前，很多人睡不着觉。应聘者应尽量松弛下来，如平时一样自然入睡。适当的活动、喝杯热奶以及进行静静的冥想有助于睡眠。

（3）用深呼吸缓解压力　人们不高兴时经常长吁短叹。其实，长吁短叹就是一种无意的深呼吸，它可以排解焦虑和紧张的情况。面试前，应聘者不妨主动做做深呼吸来缓解自己紧张的情绪。

（4）调整饮食　菜谱上除了常见的肉、鱼和蛋等高蛋白食物之外，还应该有几片粗面粉做成的面包、马铃薯、丰富的蔬菜和水果等，这样有助于乐观情绪的产生和保持。

示　范

深呼吸

①吸气，尽可能地让自己的肺充满空气。

② 双手轻轻置于肋骨骨架的下部，缓缓抬头，同时暗示自己“我很放松”。

③吸气要做到缓慢而自然，要用腹部的力量吸气，胸膛不要剧烈起伏。

④ 屏住呼吸，放松全身肌肉，再将气体均匀平缓地呼出。很多时候，只要一个深呼吸便可让自己平静下来。

模块小结

面试前的准备工作至关重要，关系到面试的成败。

体验活动

活动　情境实训

1. 结合自己所学专业，为自己制订一份求职面试准备的礼仪方案。

2. 为自己设计一份有特色的求职简历。

3. 结合所学专业的职业特点，为自己设计一个符合面试礼仪的形象。

知识拓展

求职材料编写的基本礼仪要求

（1）外观整洁，款式大方　求职材料要说明应聘者的身份、学业资历、工作经验、特长、爱好等。为达到引起对方注意的目的，求职材料必须做到简洁大方。

（2）字体清楚、工整　求职材料的字体一定要工整，字体大小要合理，四周要空白，行间距要适度，不可过于拥挤，切忌看起来杂乱无章。

（3）小心谨慎，精心安排　求职材料要确保无错别字及标点符号错误，否则会给人以粗心大意、工作不踏实、马虎、缺乏诚意、不尊重人的感觉。

（4）表述真诚，语句精练　求职材料要以真诚朴实见长，严禁卖弄文采，要尽量使用简短精练的词语和句子，避免繁杂冗长。

（5）牢记招聘单位的地址和名称　求职材料一般是寄送到招聘单位的，并且在寄出后要经过招聘单位的筛选，才能通知应聘者是否进入面试。因此投寄求职材料时，信封上的单位名称和地址要写准确，不要写简称，信封上不可涂改，不可有错别字。

简历写作的基本礼仪要求

（1）量体裁衣　用人单位最想知道应聘者可以为他们做什么，含糊笼统、毫无针对性的简历会使人失去很多机会。如果有多个目标，最好写上多份不同的简历。每一份简历都需要针对招聘单位的特点和要求，突出相应的重点，这样可以表明应聘者对用人单位的重视和热爱。

（2）简洁舒服　某知名公司的人事经理曾说过：“我们首先选择看上去让人感到舒服的简历。有的人为了求新，在封面上用美人照，用很怪异的文字，有的简历写得很乱，有的写得很糟。对于这些简历，我们一般不看，直接淘汰。”简历中，空行要宽，标题要用粗体，段落首行要缩进或者用粗圆点之类的标记。

（3）重点突出　内容是一切，简历中一定要突出个人的经验、能力以及过去的成就，并且要用证据来证明。

（4）力求精确　阐述经验、能力要尽可能准确，不夸大，也不要误导。确信所写的与本人实际能力及工作水平相同，简历中还要写上以前的工作时间及单位。

（5）用词得当　使用有影响力的词汇，同时要注意：用人单位认为简历中有错别字说明人的素质不够高，他们最讨厌错字、别字。

（6）结语精练　附上简短的小结，小结上可以写自己最突出的几个优点，但是最好与应聘的职位相称。告诉用人单位，我能做好这件工作而不是能做好所有的工作，这是引起用人单位注意的最好方法。

模块二　面 谈 礼 仪

与人初次见面时，给人的第一印象往往最为深刻，而人们对一个人的各方面评价往往依赖于对他的最初印象。你的穿着打扮、言谈举止都会给人留下深刻的第一印象。毫无疑问，一个衣冠整洁、谈吐得体、彬彬有礼、热情大方、富有朝气的应聘者要比一个不修边幅、长发蓬乱、出口成“脏”、旁若无人的应聘者更容易让用人单位接受。可见，面谈时的礼仪对于应聘者来说是十分重要的。

一次，张老师带着三个毕业生同时应聘一家公司做业务员。面试前，老师怕学生面试时紧张，就同人事部主任商量让三个同学一起面试。三

位同学进入人事部主任办公室时，主任上前请三位同学入座。当主任回到办公桌前抬头一看，欲言又止，只见其中两位同学坐在沙发上，一个翘起二郎腿，而且两腿不停地抖动；另一个身子松懈地斜靠在沙发的一角，两手攥握手指咯咯作响。三位同学中，只有一个同学端坐在椅子上等候面试。人事部主任起身非常客气地对两位坐在沙发上的同学说："对不起，你们两位的面试已经结束了，请退出。"两位同学四目相对，不知何故。

小思考

你知道为什么那两个同学的面试那么快就结束了吗？

____

____

____

____

模块目标

- ➢ 了解形成良好的第一印象的方法。
- ➢ 掌握面试交谈的礼仪及技巧。
- ➢ 掌握面试最后 10min 的面谈技巧。

模块内容

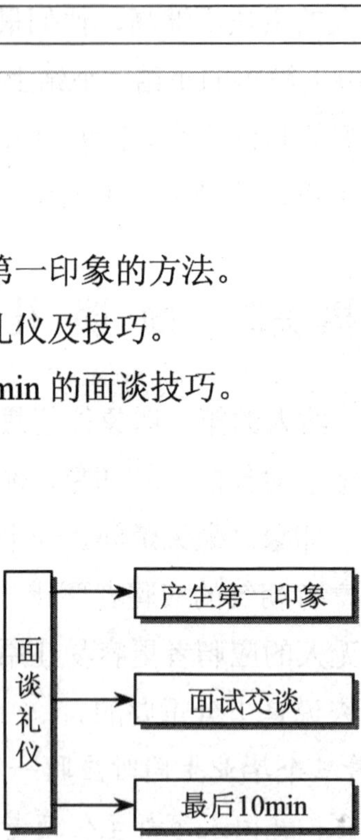

一、产生第一印象

1. 保持良好的仪表仪态

第一印象的形成只需要短短的 3min，所以心理学家指出：在与陌生人打交道时，3min 就能决定你的成败，而最初的 45s 尤为重要。由于第一印象主要是性别、年龄、衣着、姿势、面部表情等外部特征，所以我们需要管理好自己的表情、姿势、谈吐、衣着打扮等，给对方留下一个好印象。

2. 微笑至关重要

良好的第一印象来源于人的仪表谈吐，但更重要的是取决于人的表情。微笑是表情中最能赋予人以好感的，也是人与人之间最好的一种沟通方式和表现方式。在面试中，应聘者保持微笑，至少有以下几个方面作用。

1）表现出心境良好。

2）表现出充满自信，不卑不亢。

3）表现出真诚友善。

4）表现出乐业、敬业。

3. 遵守时间、不要迟到

守时是职业道德的一个基本要求，提前 10～15min 到达面试地点效果最佳。一是表示应聘者的诚意和对对方的尊重；二是提前到场可以熟悉一下环境，稳定一下心情，不因情绪紧张而影响面试效果。但如果提前半小时以上到达面试地点，会被视为没有时间观念。在面试时迟到或匆匆忙忙赶到面试地点是致命的，如果应聘者面试迟到，那么不管有什么理由，也会被视为

提　示

面试官是允许迟到的，这一点一定要清楚。应聘者对面试官迟到千万不要太介意，也不要太介意面试官的礼仪、素养。如果他们有不妥之处，应聘者应尽量表现得大度一些，这样往往能使坏事变好事。否则，面试官一迟到，应聘者的不满情绪就流于言表，面露愠色，面试官对应聘者的第一印象就会大打折扣。因为面试也是一种对人际磨合能力的考查，得体、周到的表现自然是有百利而无一害的。

缺乏自我管理和约束能力，即缺乏职业能力，会给面试官留下非常不好的印象。不管什么理由，迟到会影响应聘者自身的形象，因为这是一个对他人和对自己尊重的问题。

4. 把握进屋时间

如果没有人通知，即使前面一个人已经结束面试，应聘者也应该在门外耐心等待，不要擅自走进面试房间。自己的名字被喊到时，应聘者应有力地答一声“是”，然后敲门，得到允许后再进去。开关门动作要轻，以从容、自然为好。见面时，应聘者要向面试官鞠躬行礼、问好致意，称呼应当得体，不要过分殷勤、拘谨或过分谦让。在面试官没有请应聘者坐下时，切勿急于落座。面试官同意落座后，应聘者要说“谢谢”。坐下后，应聘者要保持良好的体态，切忌大大咧咧、左顾右盼、满不在乎，以免引起面试官的反感。

失　礼

以下几点是失礼的行为：

① 询问单位情况或向工作人员索要材料。

② 对用人单位进行品评。

③ 驻足观看其他工作人员工作，或在落座后对工作人员所讨论的事情、接听的电话发表意见或评论。

④ 随便动办公室里的东西。

⑤ 将自己随身携带的公文包或皮包放在面试官的办公桌上，或挂在椅子背上。

5. 注意细节

应聘者到了用人单位，最好径直走向面试地点，不要四处张望，甚至被保安盯上。

走进公司之前，口香糖和香烟都要收起来，因为大多数面试官都无法忍受应聘者在公司嚼口香糖或吸烟。手机坚决不要开机，避免面试时造成尴尬的局面，同时也分散精力，影响应聘者的面试成绩。

应聘者进入用人单位，若有前台，则开门见山说明来意，经指导到指定区域落座；若无前台，则向工作人员求助。

二、面试交谈

面试交谈是与面试官最直接的“短兵相接”，所以应聘者的一举一动、一言一行，面试官都能尽收眼底。面谈是一项有目的的对话过程，是求职面试的核心。在与面试官交谈的过程中，应聘者应该注意以下几个问题。

1．自我介绍的分寸

某公共关系学教授说过这样一句话：“每个人都要向孔雀学习，两分钟就让整个世界记住自己的美。”

自我介绍也是一样，当面试官要求作自我介绍时，应聘者不用像背书似的把简历上的信息再说一遍，那样只会令面试官觉得乏味。应聘者用舒缓的语气将简历中的重点内容稍加说明即可，如姓名、毕业学校、专业、特长等。面试官想深入了解某一方面时，应聘者可再作介绍。应聘者用简洁有力的话语去回答面试官的提问，效果会很好。应聘者只要在短时间内让面试官了解自己的能力、特长就足够了，千万别干画蛇添足的蠢事。

2．回答问题的技巧

（1）诚实有礼　应聘者的态度应诚恳，不宜过分客套和谦卑，不太明白面试官的问题时，应礼貌地请他重复。陈述自己的长处时，要诚实而不夸张，要合乎申请职位的要求，要充分表现自己有关的能力和才干。不懂的问题，应聘者不妨坦白承认，给面试官揭穿反而会弄巧成拙。

（2）回答应有条理　可适当地运用术语，以表示应聘者对该行业有兴趣或有一定的认识及经验，但应适可而止，否则给人以造作的感觉。回答问题时要阐述论点，不要只回答“是”、“不是”、“有”或“没有”等，否则会给人被动及不可靠的感觉。最好将重点逐一陈述清楚，多引用实质性的例证来支持论点。

（3）语调诚恳　语调要肯定、正面，表现出信心，尽量避免中、

英文夹杂，尽量少用助语词，如“啦”、“啰”、“呢”等，避免给面试官一种用语不清、冗长、不认真及缺乏自信的感觉。

失 礼

以下几点是失礼的行为：

①打断面试官的谈话。

②过于炫耀自己的家世背景。

③过多地提问或过于强调薪资、福利。

④与面试官套近乎。

⑤面试时带亲友团。

（4）讲错话要补救　面试是一个令人紧张的场合，所以讲错话是在所难免的。如讲错的话会影响面试官的评分，应聘者便要及时作出更正，重申正确的答案。例如，“不好意思，我刚才所讲的意思应该是……”在讲错话之后，应聘者不要放弃，必须重新振作，继续回答其他问题。

（5）思考5s　当面试官问及一个重要问题时，尤其是有关工作业绩方面的，如要求应聘者描述做过的一个项目等，应聘者在回答之前应适当停顿5s，留出一段思考的时间。这样做不但可以组织一下要表达的内容，而且更重要的是告诉面试官你正在认真思考。若是应聘者不假思索就轻率作答，反而容易给面试官留下不稳重的坏印象。

（6）聚精会神　面试的时候，应聘者的目光应正视面试官，在其讲话的过程中应适时点头示意。这既是对面试官的尊重，也让面试官感到你的风度、诚恳、大气、不怯场。当面试官介绍公司和职位情况时，应聘者更要适时给予反馈，这样可以表明你很重视他所说的内容。

3. 形体语言——无声胜有声

形体语言是重要的公关手段，其主要有手势语、目光语、身势语、表情语、服饰语等。形体语言通过仪表、姿态、神情、动作来传递信息，在交谈中往往起着有声语言无法比拟的效果，是职业形象的更高境界。形体语言对面试的成败非常关键，有时一个眼神或者一个手势都会影响到整体评分。例如，面部的适当微笑，可以显现出一个人的乐观、豁达、自信；服饰的大方得体、不俗不妖，能反映出应聘者风华正茂，有知识，有修养，有魅力。形体语言可以在面试官眼中形成一道绚丽的风景，可以增强求职竞争能力。

面试的时候，应聘者一定要避免下列几种做法。

1）拖拉椅子，发出很大噪音。

2）一屁股坐在椅子上。

3）坐在椅子上时，耷拉着肩膀，含胸驼背。

4）半躺半坐，男性应聘者翘着二郎腿，女性应聘者双膝分开、叉开腿等，这些都会给人放肆和缺乏教养的感觉。

5）有揉眼睛、掏耳朵、抠鼻子等多余的动作。

三、最后 10min

一般在面试结束前，面试官会给应聘者大约 10min 的提问时间。最常见的就是“你有没有什么问题或疑问想要提出来的？”其实，这个问题是面试官用来测试应聘者对这份工作有多大的企图心、决心和热情的。面试的最后 10min 是应聘者面试完美谢幕的最后 10min，那么该如何把握这最后的 10min 呢？

提　示

如果公司门口有张纸片或小块杂物等，应聘者不要视而不见地走过，而要将它捡起来扔到垃圾桶里。因为这很可能是公司故意设计的面试细节，看看应聘者是不是具有过人的观察力和从我做起的精神。

1．切忌“没有问题”

如果应聘者害怕提问不妥当，或是不知道该从何问起而回答“没有问题，这样可能会让面试官认为应聘者想要这份工作的企图心、决心不够强烈。

2．传达出争取工作的决心

有人在面试结束前谦虚地请教面试官：“您认为我今天的表现如

何？录取的几率有多大？”通常，这个问题会让面试官认为应聘者对这份工作抱有很大的决心和企图心。应聘者也可以试着从面试官的回答中约略猜测出自己成功的几率有多大，并且可以作为下一次面试时表现的参考。

3. 搞清楚有待了解的部分

应聘者应该更积极、主动地利用面试最后一关的机会，适时地提出问题。这不但有助于面试官对应聘者加深印象，而且应聘者也能趁此机会进一步了解该公司的背景、企业文化是否适合自己。

模块小结

面试是成功求职的临门一脚。应聘者能否实现求职目标，关键的一步是与用人单位见面，与人事主管进行信息交流，以便使人事主管确信应聘者就是用人单位所需要的人才。面试是其他求职形式永远无法代替的，因为在人与人的信息交流形式中，面谈是最有效的。应聘者遵循求职面试礼仪，会给用人单位留下良好的印象，这对面试的成功有着事半功倍的效果。

体验活动

活动一　课后讨论

在面试中，你是如何看待以下言行的？如何克服以下行为？

1）面试时迟到，而且称自己迟到是因为别人指错了方向。

2）不修边幅或者着装不当，坐姿懒散，与面试官不保持良好的目光接触。

3）说其他同类型公司的坏话。

4）没有能将自己的能力与用人单位的需求联系起来。吹嘘自己有多能干，但却没有列举出相应的成就作为证明。

5）回答问题没有明确的焦点，说话没有组织性，想到哪里说到哪里。

6）不表现出激情，也看不出希望得到这份工作的决心。

7）对大多数提问都用简短的“是”或“不是”来作答，或是给出的答案是预先背好的，但回答时忘记了答案的某些部分。

8）直呼面试官的名字或将他的名字搞错。

9）问这样的问题：“我怎么样？您准备雇用我吗？”或当面试官问“你有什么问题吗？”，应聘者回答“没有”。

10）在面试快要开始的时候，不假思索地脱口而出这样的话：“我想每月挣3000元，希望这份工作至少能给我这个数。”

活动二 情境实训

1．作个精彩的自我介绍，要求包括下列几个方面的内容。

1）姓名、毕业学校、专业、身高、家庭住址。

2）在校期间的表现。

3）在校期间的任职情况及获奖情况。

4）在校期间参加学校组织的各种文娱活动、社会实践活动以及获奖情况。

5）结束语。

2．假如你寄出求职信后，没有在合理的时间内收到面试通知，请你打电话给用人单位询问有关情况。

3．与老师一起模拟面试现场。

知识拓展

自我介绍礼仪评分标准

在你求职的每一个环节，面试官都在依据你的素质打分。不妨事先给自己打打分，这样可以做到心中有数。以下是自我介绍礼仪的评分标准，可供你自评时参考。

自我介绍礼仪评分标准（满分为 100 分）：

第一，内容（50 分）：

A. 详略得当，有针对性

B. 言之有物，评价客观

C. 层次清晰，合乎逻辑

D. 文理通顺，富有文采

E. 简单明了，清楚明白

第二，仪表（10 分）：

A. 服饰整洁、得体，女子化适度淡妆，男子适当修饰

B. 精神饱满，落落大方，面带微笑

第三，态势（10 分）：

A. 站有站相，坐有坐相，走有走相，步履稳健，从容自如

B. 面部表情、手势与有声语言协调

第四，礼节（10 分）：

A. 开头（见面）礼节

B. 告别（离去）礼节

第五，语言（15 分）：

A. 脱离讲稿

B. 使用普通话或英语（或其他外语），口齿清楚，声音洪亮

C. 有一定节奏，语言流畅，发音准确

第六，时间（5 分）：

介绍过程 1～3min，过长或过短要适当扣分

模块三　面谈后续礼仪

面谈结束并不意味着面试结束，还有许多的后续礼仪。做好了这些后续礼仪，才是给面试划上了圆满的句号。

王颖刚结束了一场面谈，走出室外就碰到了她的师兄李斌。“哎呀，怎么在这见到你呀！”王颖高兴地大叫起来，“你在这家公司工作啊？这家公司怎么样？你来这多久了……”在王颖旁若无人的一串发问的同时，她不忘给师兄递上了自己的口香糖。“天，我的文件夹忘在面试办公室里面了，你找个机会帮我弄出来啊……”王颖忽然发现自己的东西忘了拿……

小思考

请分析一下王颖在礼仪方面有哪些失误？

____

____

____

____

模块目标

- 了解结束面谈时需注意的礼仪规范及技巧。
- 掌握的面谈结束后的后续礼仪规范与技巧。

模块内容

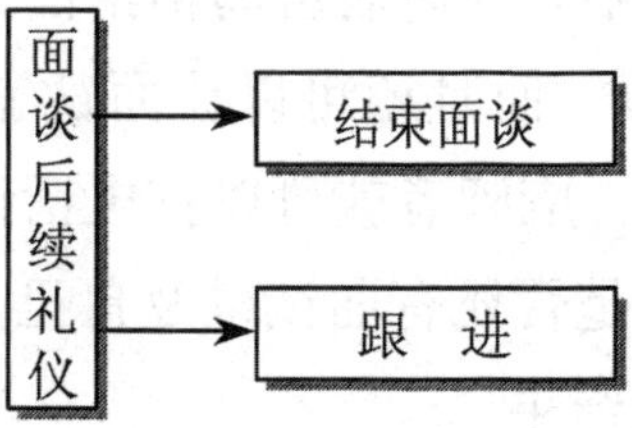

一、结束面谈

面谈不是闲聊，也不是谈判，是人与人之间的一种沟通方式。谈话时间的长短要因面谈的内容而定。面试官认为该结束面谈时往往会说一些暗示的话语，如“很感谢你对我们公司这项工作的关注”、“感谢你对我们招聘工作的关心”、“我们做出决定一定会通知你”等。应聘者在听到诸如此类的暗示之后就应该主动告辞，告辞时应该对面试官表示感谢。

应聘者不要在面试官结束谈话之前表现出浮躁不安、急欲离去的样子，过早地想离场会使面试官认为应聘者没有诚意或做事情没有耐心。

应聘者与人事经理最好以握手的方式道别，离开办公室时应该把刚才坐过的椅子扶正到刚进门时的位置，再次致谢后出门。经过前台时，要主动与前台工作人员点头致意或说“谢谢你，再见”之类的话。这是非常普通，但有时会忽略的小的细节。

面谈结束时，应聘者不要忘记带走帽子、手套、公文包等东西。告别语应适当简练，不要在临出门时又引出新的话题。

保持良好的仪态，应聘者要知道直到离开公司所有人的视野后，面谈才真正结束。而在此之前，应聘者表现出来的礼貌及动作都会在不自觉中透露出职业素质。

二、跟进

面谈结束了，并不意味着一切都结束了。如果面谈非常顺利，彼此都感到满意，应聘者一定会非常想知道面谈结果如何，可是到底什么时候询问进一步的消息比较合适呢？

首先，在面谈结束后，应聘者应写信给面试官致谢。这不仅体现出应聘者对面试官的尊敬，而且还可以让面试官在决定雇用何人时想到你。在写信致谢几天后，应聘者就可以打电话询问了。如果用人单位还没有决定，可以再询问是否还有面试以及自己是否有希望。切忌，不要过早、过频打听面试的结果。

如果应聘者被几家公司同时录取，并已决定接受其中一个职位，则有必要向被应聘者拒绝的公司写信表示感谢，也许将来有一天应聘者会换到那家公司工作，这封致谢信会给对方留下良好的印象。

表示拒绝的感谢信应该直接寄给最后决定录用你的人，在信中只要表达你的谢意和已经接受其他公司的工作就可以了，不必作任何解释，也不要提及已接受聘用的公司的名字。

模块小结

面谈结束并不意味着求职过程的结束。

体验活动

活动　情境实训

1．按下列要求进行演示。

1）你对该公司的条件不满意，不打算接受聘用，请你演示如何委婉拒绝。

2）你打算准备接受聘用，请演示接受聘用时的电话应答。

2．练习写一封面试后的感谢信。

知识拓展

被 HR 否决的九种应聘者

① 开口言钱者。② 纠缠不休者。③ 沟通不畅者。④ 面试迟到者。⑤ 穿着邋遢者。⑥ 自吹自擂者。⑦ 没有诚意者。⑧ 弄虚作假者。⑨ 简历啰嗦者。

第九单元 涉外礼仪

涉外礼仪是参与国际交往时所要遵守的惯例，是约定俗成的做法。涉外交往中，遵守国际惯例和一定的礼节有助于发展我国人民同世界各国、各地区人民的友谊，有利于我国的对外开放，有利于展现中国礼仪之邦的风貌。

单元提要

- 涉外交往的基本通则
- 涉外交往习俗
- 涉外接待礼仪

遵守涉外礼仪就是正确使用国家名片！

模块一　涉外交往的基本通则

涉外交往的基本通则是指在接触外国人时，应当遵守并应用的有关国际交往惯例的基本原则。

在一个晴空万里的日子里，秘书小杨身着得体的制服，迎向刚刚驶来的一辆高级小轿车。司机熟练地将车停在了公司门口，轿车后排坐着两位男士，前排副驾驶座上坐着一位外国女宾。小杨以优雅的姿态先为后排客人打开车门，做好护顶姿势，并目视客人，礼貌地问候对方。接下来，小杨迅速走到前门，准备迎接那位女士时却看到女宾一脸的不悦，小杨有些茫然。

小思考

这位女宾为什么不悦呢？

模块目标

➢ 了解涉外交往的基本通则，并能够正确应用。

模块内容

涉外交往的基本通则

- 维护形象
- 不卑不亢
- 求同异存
- 入乡随俗
- 信守时约
- 热情适度
- 谦虚适当
- 尊重隐私
- 女士优先
- 以右为尊

一、维护形象

1）个人形象体现着个人的教养和品味。

2）个人形象还反映个人的精神风貌与生活态度。

3）个人形象展现着对待交往对象的重视程度。

4）个人形象是其所在单位的整体形象的有机组成部分。

> **提　示**
>
> 在维护个人形象时，注意以下六个要素：①仪容。②表情。③举止。④服饰。⑤谈吐。⑥待人接物。

5）在国际交往中，个人形象往往还代表其所属国家、所属民族的

形象。

所以，在涉外交往中必须时时刻刻注意维护个人形象，特别是在正式场合留给外国友人的第一印象。

二、不卑不亢

要意识到自己代表着自己的国家、民族、所在单位，言行应从容得体、堂堂正正，不应表现得畏惧自卑、低三下四，也不应表现得狂傲自大、目中无人。

三、求同存异

各国礼仪习俗存在着差异，重要的是了解它们的差异，而不是评判它们的是非，鉴定它们的优劣。在交往时，求同存异是十分必要的。“求同”就是要遵守礼仪的国际惯例，“存异”就是不要否定他国的礼仪习俗。

四、入乡随俗

入乡随俗是国际礼仪的基本原则之一。它的主要含义是：要真正做到尊重交往对象，就必须尊重对方所独有的风俗习惯。在涉外交往中要注意两个问题：一是必须充分地了解与交往对象相关的习俗，做到“入境而问禁，入国而问俗，入门而问讳”；二是必须无条件地对交往对象所特有的习俗加以尊重。

五、信守时约

信守时约是国际礼仪的基本原则之一。涉外交往中必须遵守时间，不能无故迟到，否则是极不礼貌的。涉外交往中要严格遵守自己的承诺，说话一定要算数，许诺别人的事一定要兑现。

六、热情适度

中国传统文化中的热情好客、宾至如归以及谦逊等美德，在国际交

往中必须适度。这就要求人们在涉外社交活动中，不仅要热情、友好待人，更要把握好待人热情的具体分寸，即一切都必须以不妨碍对方，不给对方增添麻烦，不令对方感到不安、不快为限。如一厢情愿地过度热情，处处越位，必然会引起外国友人的反感和不快。此外，要分清内外，注意保密。

七、谦虚适当

在涉外交往中，反对一味地抬高自己，但也绝对没有必要妄自菲薄、自我贬低，过度对外国友人谦虚客套。

八、尊重隐私

在对外交往中，不要涉及他人的收入支出、年龄、婚姻、健康、家庭住址、个人经历、信仰政见等。

九、女士优先

女士优先是国际社会公认的一条重要的礼仪原则。其核心要求是：在男女都在的社交场合中，男士要照顾、礼让女士，遵循“尊重女性、女士优先”的原则。它要求在一切社交场合（有些公务场合除外）中，成年男子都有义务主动、自觉地以自己的实际行动去尊重、照顾、体谅、关心、保护女士，并尽心竭力地为她们排忧解难。“尊重女性、女士优先”原则还要求男士们对于所有的女性都要一视同仁，无论是同一种族的还是其他种族的，无论是熟悉的还是陌生的，无论是年轻貌美的还是年迈体衰的，无论是有权有势的还是孤苦伶仃的。

十、以右为尊

国际社会的习惯做法是以右为大、为长、为尊，以左为小、为次、为偏。在各类国际交往中，大到外交活动、商务往来，小到私人交往、社交应酬，凡是需要确定和排列具体位置的主次尊卑时都要坚持“以右为尊”的原则。

模块小结

涉外交往的基本通则是根据礼仪原则与涉外交往活动实践概括而形成的，对涉外交际具有普遍的指导意义。

体验活动

活动　课后讨论

简析以下现象违背了哪些涉外交往的基本通则？

1）一名男子身穿深色西服套装时，上衣左袖口上的商标没有拆掉，而且穿白色的袜子。

2）当自己同外国友人进行交际应酬时，谈起自己正在忙什么的时候，说自己是“瞎忙”、“混日子”、“什么正经事都没干”等。

3）在中餐宴会上，不断地给外国友人夹菜、让菜。

4）在与外国友人交谈时打听对方的收入支出、信仰政见。

5）已经邀约的面谈在正式见面前的5min临时改期。

模块二　涉外交往习俗

随着涉外交往的机会和场合越来越多，更要了解国外友人的禁忌和尊重国外友人的习俗。从不同民族、不同国家的社会文化背景出发，了解其礼仪文化存在的差异，了解具体交往对象的不同风俗习惯、宗教信仰和交往禁忌，并给予尊重。

据说，美国得克萨斯州州立大学的一个学生到学校图书馆申请打

工。馆长问他："贵姓？"他答道："你猜。"馆长听了很恼火，严肃地说："对不起，我工作很忙，没有功夫猜你的姓。"说罢拂袖而去。

其实，这个学生的姓名就叫"威廉·尤格斯（William YO-gess）"，而"尤格斯"的发音与"you guess（你猜）"相似，想不到他竟因此丧失了一次打工的机会。

小思考

如何区分外国人的姓名与称呼呢？他们的姓名有什么规律吗？

模块目标

- 了解外国人的称呼方法和姓名规律。
- 了解外国人的饮食习俗。
- 了解外国人常用的见面礼节。
- 了解涉外赠送礼品的要求。

模块内容

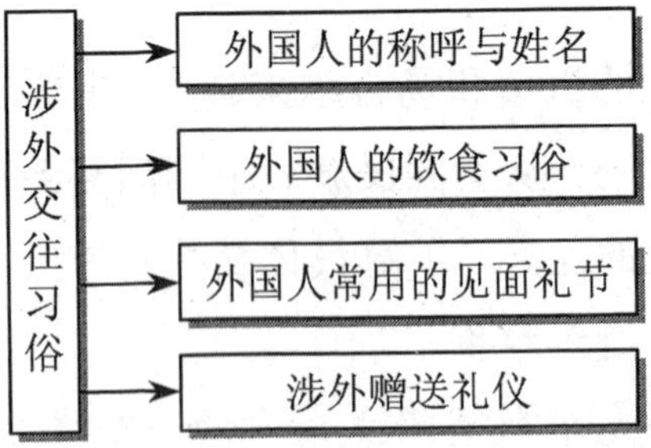

一、外国人的称呼与姓名

1．称呼

1）先生、太太、小姐、女士的称谓：这是最普通和常用的称呼，适用于一般的男子和女子。称男子为“某某先生”，称已婚妇女为“某某太太”，称未婚妇女为“某某小姐”。这种称呼比较正式，是表示尊重的称谓，但给人感觉不够亲密。

> **提　示**
>
> 正式场合一般要称呼他人的全称，关系密切的可称其本名。家里人、亲友之间除称本名外，还常用昵称（爱称）。

在称呼先生、太太或小姐时，可以冠以姓名、职称、衔称，也可以只带上姓，但不能单独带名而不带姓。例如，可以称“约翰·史密斯先生（Mr. John Smith）”，也可以称“史密斯先生（Mr. Smith）”，但不能称“约翰先生（Mr. John）”。如果双方比较熟，可以只称名而不带姓，那也就不必冠以先生、太太或小姐的称谓了。

对于一对夫妇来说，先生和太太的称谓可以连用，如称“史密斯先生和太太（Mr. &Mrs. Smith）”。

关于小姐（Miss）的称谓，不但未婚的姑娘可以用，单身的老太太也可以用。对于不了解婚姻状况的女子，也可称小姐。

对于年长而婚姻状况不明的女子，可以称“Ms.…”，即“某某女士”。

> **提　示**
>
> 外国人一般不用行政职务称呼别人，不称呼“某某局长”、“某某校长”、“某某经理”等，而可以在介绍时说明被介绍者的职务。

2）先生（Sir）和夫人（Madam）的称谓：这是对地位较高、年龄较长者的尊称，使用时可以不带姓名。

3）阁下（Excellency）的称谓：这是对地位高的官方人士的尊称。例如，对主席、总统、总理、部长、大使等均应称“阁下”。但美国、墨西哥、德国等国没有称“阁下”的习惯，因此在这些国家可称“先生”。

对有地位的女士可称“夫人”，对有高级官衔的妇女也可称“阁下”，如对女部长、女大使……

4）对王室及贵族的称谓：对国王、王后可称“陛下（Majesty）”。对王子、公主、亲王可称“殿下（Royal Highness）”。对有公、侯、伯、子、男等爵位的人士既可称“爵位”，又可称“阁下”，一般也可称“先生”。

对他们的夫人和公、侯、伯爵的女儿，以及新封的女伯爵、子爵、男爵，则称“某某贵夫人”、“某某小姐”或“女勋爵”。

5）对有学衔、军衔、技术职称的人的称谓：对这些人可以称呼他们的头衔，如“教授”、“博士”、“将军”、“律师”等；也可以在称呼时，在他们的姓名后冠以职衔，如“克拉克参议员”、“布朗律师”、“格林医生”、“怀特主教”等。

6）对服务人员的称谓：一般可称“服务员”，如知道姓名，可单独称他们的名字。但现在很多国家越来越多地称服务员为“先生”、“夫人”、“小姐”。

如果同事中有外国人，你如何称呼他们呢？最简单的方法是观察别人是如何称呼他们的，你也如此称呼就可以了。例如，总经理亚当，公司里的每个人在公开场合都叫他为“亚当先生”，你也应该这样称呼他。

另外，除非你和对方已经同事多年，或者是为了特别地增进彼此间的感情，否则千万不要贸然使用“亲爱的”、“甜心”和“达令”这类的称呼。无论你们彼此之间有多么了解对方，在工作场合始终要注意不要表现得过分亲热。

7）对教会中的神职人员的称谓：一般可称教会的职称、姓名加职称或职称加“先生”。有时，对主教以上的神职人员也可称“阁下”。

8）在社会主义国家之间，可以用职务相称，或按国际通用的习惯称呼，也可以用“同志”相称。

2．外国人的姓名

（1）姓名的排列格式

1）名在前，姓在后。

2）姓在前，名在后。

3）有名无姓。

（2）部分国家姓名的排列

1）英国人、美国人的姓名：最后一节是姓，前面的是名。如“John Wilson”译为“约翰・维尔逊”，“John”是名，“Wilson”是姓。

妇女在结婚前都有自己的姓名，结婚后一般是自己的名加上丈夫的姓，如“玛丽・怀特（Marie White）”女士与“约翰・戴维斯（John Davis）”先生结婚，婚后女方姓名为“玛丽・戴维斯（Marie Davis）”。

书写时常把名字缩写为一个字头，但姓不能缩写，如“G. W. Thomson”、“D. C. Sullivan”等。

以英文为本国文字的国家，姓名组成基本与英国人、美国人一样。

2）法国人的姓名：最后一节是姓，其余都是名，多数是教名。如“Henri Rene Albert Guy de Maupassant”译为“亨利・勒内・阿贝尔・居伊・德・莫泊桑”，一般简称为“Guy de Maupassant（居伊・德・莫泊桑）”。

3）西班牙人、葡萄牙人的姓名：前一二节为本人的姓名，倒数第二节是父姓，最后一节是母姓。如“Diego Rodrigueez de Silva y Velasquez”译为“迭戈・罗德里格斯・德席尔瓦—贝拉斯克斯”，“de”是介词，“Silva”是父姓，“y”是连接词“和”，“Velasquez”是母姓。

已结婚妇女常把母姓去掉而加上丈夫的姓。

4）俄罗斯人的姓名：本人名加上父名加上姓。如“伊万・伊万诺

维奇·伊万诺夫”，“伊万”为本人名字，“伊万诺维奇”为父名，意为伊万之子，“伊万诺夫”为姓。

妇女婚前用父亲的姓，婚后多用丈夫的姓，但本人名字和父名不变。

5）日本人的姓名：顺序排列与我国相同，常见的由四个字组成。

很多外国人不喜欢别人把自己的名字缩略使用，因此，除非对方在自我介绍的时候将自己称为“迪克”而不是“理查德”（“迪克”是“理查德”的昵称），或者称自己为“尼可”而不是“尼古拉”（“尼可”是“尼古拉”的昵称），否则应该使用他们的全名而不是昵称。如果你听到有人使用昵称或者绰号，如“卡兹”而不是“卡伦”、“金宝”而不是“吉姆”，你可不要想当然地以为自己也可以如此去称呼那个人。

二、外国人的饮食习俗

1）美国人较爱吃牛排和猪排，忌食动物内脏，快餐就是典型的美国式饮食。

2）英国人较爱喝茶，饮食比较注意质量。

3）法国人很讲究吃，特别重视菜肴和酒的搭配。

4）德国人特别爱喝啤酒，是世界上饮啤酒最多的国家之一。

5）日本人对海味格外青睐，对喝茶特别讲究。

6）匈牙利人比较喜欢油腻的食物。

7）朝鲜人较爱吃泡菜。

8）印度人较爱吃炸、烧的食物。

三、外国人常用的见面礼节

握手礼，如图 9-1a 所示；合十礼，如图 9-1b 所示；鞠躬礼，如图 9-1c 所示；脱帽礼，如图 9-1d 所示。

a） b） c） d）

图 9-1　外国人常用的见面礼节

a）握手礼　b）合十礼　c）鞠躬礼　d）脱帽礼

四、涉外赠送礼仪

（1）选择礼物　涉外交往中的馈赠更多是为了表示对他人的祝贺、慰问、感谢，因此在选择礼品时应事先了解受礼人的性格、爱好、修养以及所在国的习俗等，挑选具有一定纪念意义、民族特色的，或具有某些艺术价值的，或为受礼人所喜爱的纪念品、食品、花束、书籍、画册、一般日用品等。

（2）讲究礼品包装　国外非常讲究礼品包装，礼品一定要用彩色纸包装，然后用丝带系成漂亮的蝴蝶结或梅花结。

（3）对等平衡　注意送礼双方身份的对等，双方身份和礼品规格要一致。送礼要讲究平衡，有多方外国友人在场的情况下尤其要注意，避免厚此薄彼。

模块小结

正确掌握涉外交往习俗，通过热情、诚恳、平等、适度的涉外交往架起沟通的桥梁，搭建展示的平台，弘扬中华民族的优秀文化。

体验活动

活动　考考你

1．你能正确说出以下外国友人的姓名中的组成部分吗？

1）英国人：“Edward Adam Davis”译为“爱德华·亚当·戴维斯”。

2）西班牙前元首：“Francisco Pauolino Hermenegildo Teodulo Franco Bahamonde”译为“弗朗西斯科·保利诺·埃梅内希尔多·特奥杜洛·佛朗哥·巴蒙德”。

3）俄罗斯已婚妇女：“尼娜·伊万诺夫娜·罗果娃”。

2．以下食品哪国人更喜好呢？

油腻食品	海　味	牛排、猪排	泡　菜	茶	啤　酒

知识与拓展

美国人的称呼

在美国，人们常把直呼自己的名字视为一种亲切的表示。通常，见面之初，彼此不太熟悉时，仍应称呼“某某先生”、“某某太太”等，以示尊重。稍熟以后，就改用名字相称，不再冠以“先生”、“太太”、“小姐”等。有时，对方会主动热情地告诉你：“我叫詹姆斯·威尔逊，不必叫我威尔逊先生，就叫我詹姆斯好了。”美国有一家杂志曾就称呼的问题在150种工商行业中做过调查，结果发现其中85%的人只称呼别人的名字。但是，对于长者、有身份地位的人，不顾对方的习惯，也不论在什么场合就直呼其名也是失礼的。

对于关系十分亲近的人，如父母对子女、兄弟姐妹之间、挚友之间，互相称呼还可以使用昵称，即将名字的字尾加以变化，如“John”变成了“Johnny”、“James”变成“Jimmy”、“Thomas”变成“Tom”。有时，一个名字还可以有多种变化，如女子名“Elizabeth（伊丽莎白）”可以变成“Elise（伊丽莎）”、“Liza（丽莎）”、“Lizzy（丽西）”等，至于使用哪一个，可由本人的喜好决定。如果相互之间的关系未达到那一步，而贸然使用昵称也是失礼的。一般地说，在朋友之间使用昵称，青少年比成年人多，美国人比英国人多。

模块三　涉外接待礼仪

在外事交往中，礼仪工作一定要遵守国际惯例。

晓聪作为业务总监的助理，被安排负责下周与国外一投资公司签订合约的准备工作。但当签约仪式开始后，晓聪才发现有一份合同正本漏盖了一方的公章，而且签字桌上没有准备吸墨水器，国旗也插反了方向。最后，客方非常生气，并要求延期签约。

小思考

客方要求延期签约与晓聪的工作失误有关吗？为什么？

____

____

____

____

模块目标

➢ 了解涉外迎送的礼仪规范，并能灵活运用。

➢ 了解涉外会见、会谈的礼仪规范，并能灵活运用。

➢ 了解涉外签字仪式、开幕式的礼仪规范，并能灵活运用。

➢ 了解涉外礼宾次序，并能正确运用。

➢ 了解外事活动中悬挂国旗的几种场合及其类型与方法，并能正确运用。

模块内容

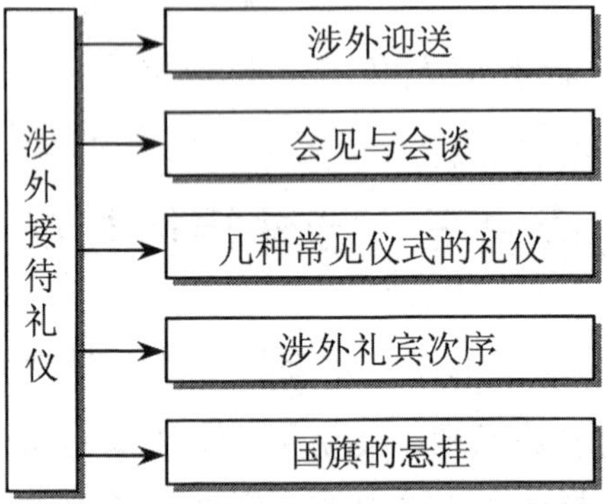

一、涉外迎送

迎送是涉外交往中最常见的社交礼节。迎送不仅是整个社交活动的开始，也是对不同身份外宾表示相应尊重的重要仪式。涉外迎送程序，如图 9-2 所示。

1．迎送规格确定

迎接外宾，不论是个人还是团体，事先都要确定好接待规格。迎送活动的安排主要有两种不同的档次：一是举行隆重的欢迎仪式；二是一般迎送，适用于一般来访者。

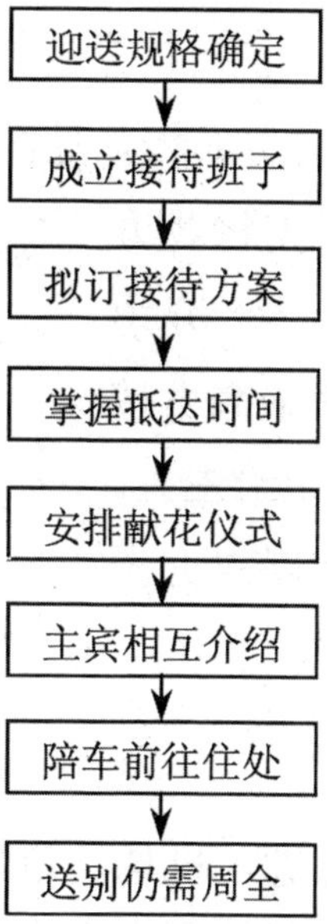

图 9-2　涉外迎送程序

2．成立接待班子

按照国际惯例，派遣与外宾或外国团体负责人身份相当的我方人士负责迎候外宾的工作。

3．拟订接待方案

根据来访者的目的、行程、要求制订好接待计划、做好行程安排。

4．掌握抵达时间

迎候人员要准确把握好外宾抵达的时间，提前到达机场、码头或车站的站台，以示对外宾的尊重。对外国的国家元首、政府首脑和军方领导人的来访，通常要安排盛大的欢迎仪式，而对一般身份的个人或团体来访则不必如此。

5．安排献花仪式

如外宾是贵宾，可安排献花仪式。

6. 主宾相互介绍

当外宾到达后，应首先与主人相互见面和介绍。这之后由礼宾人员或迎候人员中身份最高者率先将我方迎候人员按一定的顺序排列一一介绍给外宾，然后再由外宾中身份最高者按照一定的顺序把外宾一一介绍给主人。若宾主双方早已相识，则可以跳过介绍的步骤，双方直接行见面礼即可。

> **提　示**
>
> 如果迎候地点人声嘈杂或客人甚多，迎候人员可事先预备好一块牌子，上书“欢迎××光临”，也可以准备一些小旗子。这样可以使客人一目了然，便于双方接头。

7. 陪车前往住处

在宾主相互介绍后，可进入机场、港口、车站的贵宾接待室，请外宾稍事休息，也可以直接请外宾乘坐事先安排好的交通工具。前往住宿处时，通常迎候人员会陪同外宾一同前去。到达住宿处后，不能立刻安排其他活动，要给外宾留出充足的洗澡、休息、更衣的时间。迎候人员可以暂时离去，走前应告诉外宾下一步的活动计划，并征得其同意。

在迎候人员暂时离开的时候，应该给外宾留下主人的电话号码，以便提供及时的帮助。

8. 送别仍需周全

送别外宾与接待外宾同样要考虑周全，大体上要根据迎候的仪式来确定送别的仪式，主要的迎候人员应参加送别活动。送行人员可以前往外宾住宿处陪同外宾前往机场、码头或车站，也可以直接在机场、码头或车站恭候外宾。如果时间充足，送行人员可与外宾在贵宾室稍叙友谊，或举行专门的欢送

> **提　示**
>
> 若外宾身份一般，接待人员可主动帮助外宾提取行李，但要记住不能主动要求帮助男宾提公文包，或帮助女宾拿手提包。

仪式。

在外宾离别之前，送行人员应按接待时的顺序同外宾一一握手话别。当飞机起飞或轮船、火车开动之后，送行人员应向外宾挥手致意，直至飞机、轮船或火车在视野中消失，送行人员方可离去。

二、会见与会谈

会见在国际上通常称为接见或拜会。凡身份高的人士会见身份低的人士，主人会见客人，人们通常称其为接见或召见；凡身份低的人士会见身份高的人士，客人会见主人，人们通常称其为拜会或拜见。接见和拜会后的回访，通常称为回拜。我国通常对此不作细分，统称为会见。

会谈是指双方或多方就某些重大的政治、经济、科技、文化、军事、宗教以及其他共同关心的问题交换意见、洽谈协商。

1．会见座位的安排

会见通常安排在会客室或办公室，宾主各坐一边。我国习惯在会客室会见，客人坐在主人的右边，译员、记录员坐在主人和主宾的后面。其他客人按礼宾顺序在主宾一侧就座，主方陪同人员在主人一侧就坐，座位不够可在后排加座。会见座位的安排，如图 9-3 所示。

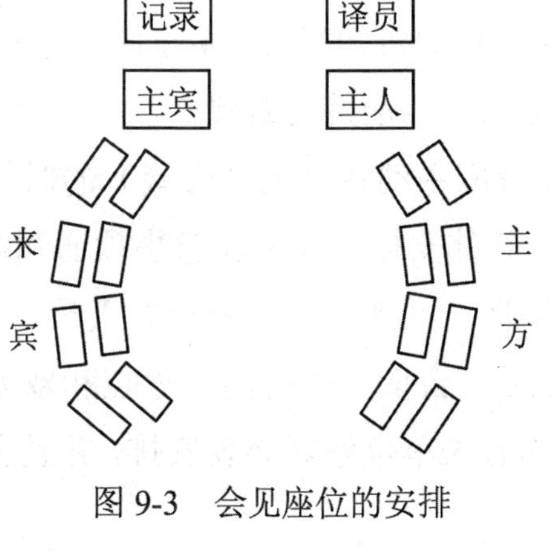

图 9-3　会见座位的安排

2．会谈座位的安排

双边会谈通常用长方形、椭圆形或圆形桌子，宾主相对而坐，以正门为准，主人坐在背门一侧，客人面向正门，主谈人居中。我国习惯把译员安排在主谈人的右侧，但有的国家让译员坐在后面，一般应尊重主人的安排。其他人按礼宾顺序左右排列。记录员可安排在后面，如参加会谈的人数较少，也可安排在会谈桌就坐。小范围的会谈也可不用长桌，只设沙发，双方座位按会见座位安排。会谈座位的安排，如图 9-4 所示。

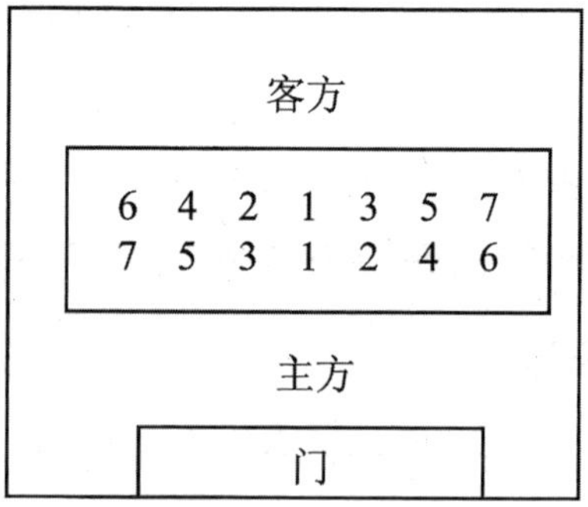

图 9-4　会谈座位的安排

3．会见（会谈）中的几项具体事项

1）提出会见（会谈）要求，应将要求会见（会谈）人的姓名、职务以及会见（会谈）的目的告知对方。主方应尽早给予回复，约妥时间。如因故不能会见（会谈），应婉言解释。

2）主方的安排者应主动将会见（会谈）的时间、会见（会谈）的地点、主方出席人、具体安排及有关注意事项通知对方，客方的安排者则应主动了解上述情况，并通知有关的出席人员。

3）准确掌握会见（会谈）的时间、地点和双方参加人员的名单，及早通知有关人员和有关单位做好必要安排，并且主人应提前到达会见

（会谈）场所。

4）会见（会谈）场所应安排足够的座位。如双方人数较多，厅室面积大，主谈人说话声音低，宜安装扩音器。会见（会谈）如用长桌，事先应排好座位图，现场放置中外文座位卡，卡片上的字体应工整、清晰。

5）如有合影，事先应排好合影座位图，人多时应准备架子。合影座位图一般由主人居中，按礼宾次序，以主人右手为上，主客双方间隔排列。第一排人员既要考虑人员的身份，也要考虑场地的大小，即能否都进入镜头。一般来说，两端均由主方人员把边。合影座位安排，如图 9-5 所示。

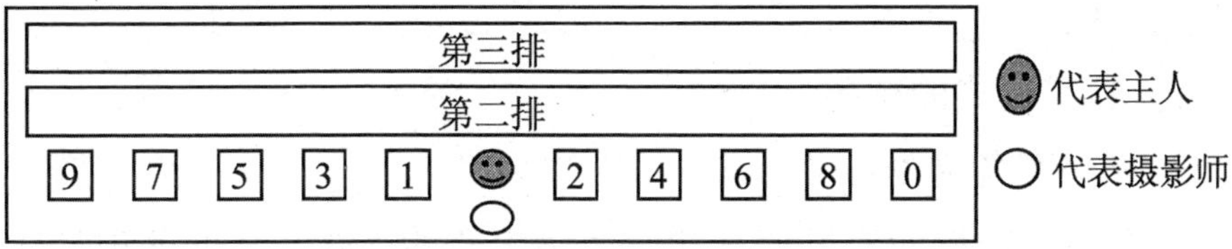

图 9-5　合影座位安排

6）客人到达时，主人需在门口迎候，主人可以在大楼正门迎候，也可以在会客厅门口迎候。如果主人不到大楼门口迎候，则应由工作人员在大楼门口迎接，并将客人引入会客厅。如有合影，宜安排在宾主握手之后，合影后宾主再入座。会见（会谈）结束时，主人应送客人至车前或门口并握别，目送客人离去后再回室内。

7）领导人之间的会见（会谈），除陪见人和必要的译员、记录员外，其他工作人员把工作安排就绪后均应退出。如允许记者采访，也只是在正式谈话开始后采访 3min，然后撤离。谈话过程中，旁人不要随意进出。

8）会见（会谈）时招待用的饮料，各国不一。我国一般只备茶水，

夏天还会备有冷饮。会见（会谈）如时间过长可适当上咖啡或红茶。

一般官员、民间人士的会见安排大体上相同，也要事先申明来意，约妥时间、地点，通知来人身份和人数，准时赴约。礼节性的会见一般不要逗留过久，半小时左右即可告辞，除非主人特意挽留。日常交往中，客人来访后相隔一段时间，主人应予回访。如果客人为祝贺节日、生日等来访，则可不必回访，而应在对方节日、生日时前往看望，表示祝贺。

三、几种常见仪式的礼仪

1．涉外签字仪式礼仪

在涉外交往中，有关国家的政府、组织或企业单位之间经过谈判，就政治、经济、文化科技等领域内的某些重大问题达成协议时一般需举行签字仪式。

（1）签字仪式的准备

1）充分准备文本：

① 定稿。定稿即通过谈判和磋商确定会谈正式文件的各项具体条款及其表述的过程，这是文本准备的前提。

② 确定使用的文字。如果是涉外商务会谈签字，还要确定文本选择哪种文字。如果双方使用不同的语言文字，签字文本应该使用双方的文字书写印刷，并且具有同等效力。

③ 确定正本和副本。正本即签字文本，用于签字后由各方或交专门的机构保存。有时为了方便使用，也可以根据正本的内容与格式印制若干副本。

④ 校印。校印即根据定稿印制、校对正本和副本。

⑤ 盖章。为了保证文本在签字后立即生效，一般在举行签字仪式前，先在签字文本上盖上双方的公章，文本一经签字便具有法定效力。

2）确定参加人员：

① 签字人。签字人要具有法定资格，并且规格要相等。

② 领导人。签字各方也可以派出身份较高的领导人参加签字仪式，但也应当注意规格要大体相等。

③ 致辞人。一般来说，由签字各方身份最高的人分别致辞，有时也可安排上级机关或协调机构的代表致贺词。

④ 主持人。主持人一般由主办方派有一定身份的人士担任。

⑤ 见证人。见证人主要是参加会谈的人员，各方人数应当大致相等。

⑥ 助签人。助签人的主要职责是在签字过程中帮助签字人翻揭文本，指明签字之处。

⑦ 群众代表。有时为了充分发挥签字仪式的鼓动和宣传教育作用，可邀请主办单位或双方单位的部分群众代表参加。

⑧ 记者。为扩大影响，可邀请有关新闻单位派记者参加签字仪式。

3）布置签字现场：签字现场布置图，如图 9-6 所示。

① 签字厅的选择。签字厅可以是常设专用的，也可以是临时以会议厅、会客室来代替的。布置的总原则是要庄重、整洁、清静。

② 签字厅的要求。标准的签字厅，室内应当铺满地毯，除了必要的签字桌椅外，其他一切陈设都不需要。正确的签字桌应当为长桌，桌上最好铺设深绿色的台布。

③ 签字桌椅。双边签字一般设长方桌，桌后放两把椅子，为双方签字人的座位。多方签字也可将桌排成圆形或方形，或仅放一张椅子，由各方代表依次签字。涉外双边签字仪式的座位按主左客右的礼仪顺序摆放，即客方的座位安排在主方的右边。多方签字则按礼宾次序安排各方签字代表的座次，一般按英文国名首字母的顺序排列，也可按事先商定的顺序排列。签字桌上可放置各方签字人的席卡，涉外签字仪式应当用中、英文两种文字标示。

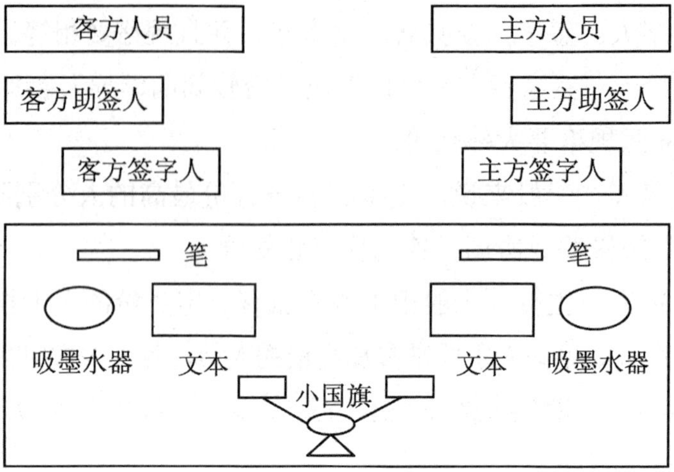

图 9-6　签字现场布置图

4）准备签字用具：包括待签的合同文本以及签字笔、吸墨水器等文具。

5）国旗摆放正确：在签字桌上插放有关各方的国旗。

6）参加人员位置：按有关礼遇高低，确定好各方代表的座次。

7）讲台放置位置：在签字桌的右侧放置讲台或落地话筒。

8）会标组成内容：由签字双方的名称、签字文本的标题和“签字仪式”三部分内容组成。

9）准备香槟庆功：事先准备好香槟酒、酒杯等。举行小型酒会，举杯共庆签约成功。

（2）签字仪式的程序（见图 9-7）

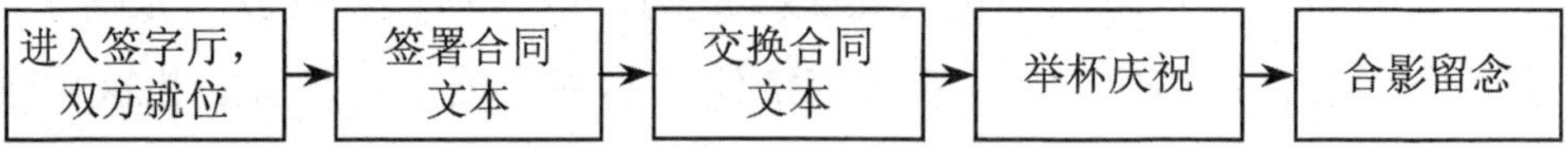

图 9-7　签字仪式的程序

2. 涉外开幕式礼仪

开幕式通常由主办方的负责人员主持。例如，东道国主办，则由东

道国方面主持，邀请有关国家的代表团、使节团参加；或者由参展团主持，邀请东道国的有关官员出席。重大的展览会开幕式或重要工程的落成典礼等，东道国的国家领导人往往会出席，仪式较为隆重；一般小型展览的开幕式则比较简单。隆重的开幕式，会场悬挂两国国旗（有的还奏国歌），致辞（主办方先讲，另一方后讲）后剪彩（邀请东道国或展览团参加开幕式人员中身份最高的官员或知名人士剪彩，也有宾主双方各派一位或两位人士剪彩的）。

四、涉外礼宾次序

礼宾次序是指国际交往中对出席活动的国家、团体、各国人士的位次，按某些规则和惯例进行排列的先后次序。一般来说，礼宾次序体现着东道国对各国宾客所给予的礼遇，在一些国际性的集会上则表示各国主权的平等地位。

1．按身份与职位的高低排列

这是礼宾次序排列的主要根据。一般的官方活动经常按身份与职务的高低安排礼宾次序，如按国家元首、副元首、政府总理（首相）、副总理（副首相）、部长、副部长等顺序排列。各国提供的正式名单或正式通知是确定职务的依据。由于各国的国家体制不同，部门之间的职务高低不尽一致，则要根据各国的规定，按相当的级别和官衔进行安排。在多边活动中，有时按其他方法排列，但无论按何种方法排列，都需要考虑身份与职务的高低问题。

2．按字母顺序排列

多边活动中的礼宾次序有时按参加国的国名字母顺序排列，一般以国名英文拼写的首字母排列居多，少数情况也有按其他语种的字母顺序排列的，按字母顺序排列的方法多见于国际会议、体育比赛等。在国际会议上，公布与会者名单、悬挂与会国国旗、座位安排等均按各国国名

英文拼写的首字母顺序排列。联合国召开联合国大会和各专门机构的会议等均按此法。联合国大会的席次也按英文字母排列，但为了避免一些国家总是占据前排席位，因此每年抽签一次，决定本年度大会席位以哪一字母打头，以便让各国都有机会排在前列。

在国际体育比赛中，体育代表队名称的排列和开幕式出场的顺序一般也按国名字母顺序排列（东道国一般排在最后），代表团观礼或召开理事会、委员会等，则按出席代表团的团长身份高低排列。

3．按通知代表团组成的日期先后排列

在实际工作中，遇到的情况往往是复杂的，如有的国家不管以上种种惯例，把关系密切的国家排列在最前列，所以礼宾次序的排列常常不能按一种排列方法，而是几种方法交叉的，并要考虑其他的因素。

例如，在某一多边国际活动中，对与会代表团礼宾次序的排列首先是按正式代表团的规格，即代表团团长的身份高低来确定，这是最基本的。然后对同级代表团则按派遣国通知代表团组成日期的先后来确定。最后对同级和同时收到通知的代表团则按国名的英文首字母顺序进行排列。

4．变通方法与排列中应注意的问题

在安排礼宾次序时所考虑的其他因素包括国家之间的关系、地区所在位置、活动的性质、活动的内容、对于活动的贡献大小以及参加活动人的威望、资历等。例如，常把同一国家的、同一地区的、同一宗教信仰的或关系特殊的国家的代表团排在前面或排在一起；对同一级别的人员，常把威望高、资历深、年龄大者排在前面。有时还需要考虑业务性质、相互关系、语言交流等因素，如在观礼、观看演出、比赛，特别是在大型宴请时，在考虑身份、职务的前提下将业务性质对口的、语言相通的、宗教信仰一致的或风俗习惯相近的安排在一起。

礼宾次序安排不当或不符合国际惯例会引起不必要的争执与交涉，甚至会影响国家关系。因此在组织涉外活动时，对礼宾次序应给予一定的重视。要耐心、细致、反复地考虑、研究、设想多种方案，以避免因礼宾次序方面的问题而引起一些不愉快。

五、国旗的悬挂

国旗是国家的标志，是国家的象征。人们往往通过悬挂国旗，表示对本国的热爱或对他国的尊重。

1．外事活动中悬挂国旗的几种场合

按国际关系准则，一国元首、政府首脑在他国领土上访问，在其住所及交通工具上悬挂国旗（有的是元首旗）是一种外交特权。东道国接待来访的外国元首、政府首脑时，在隆重的场合中、在贵宾下榻的宾馆里、乘坐的汽车上悬挂对方（或双方）的国旗（或元首旗）是一种礼遇。此外，国际公认，一个国家的外交代表在接受国境内有权在其办公处和官邸，以及交通工具上悬挂本国国旗。

在国际会议上，除会场悬挂与会国国旗外，各国政府代表团团长也按会议组织者的有关规定在一些场所或车辆上悬挂本国国旗（也有不挂国旗的）。有些展览会、体育比赛等国际性活动，也往往悬挂有关国家的国旗。

提　示

悬挂双方国旗，按国际惯例，以右为尊。两国国旗并挂，以旗本身面向为准，右挂客方国旗，左挂本国国旗。汽车上悬挂国旗，则以汽车行进方向为准，驾驶员左手为主方，右手为客方。所谓主客，不以活动举行所在国为依据，而以举办活动的主人所属的国家为依据。

在建筑物上或在室外悬挂国旗，一般应日出升旗，日落降旗。遇到需要悬旗致哀时，通常的做法是降半旗，即先将旗升至杆顶，再下降至离杆顶相当于杆长 1/3 的地方。降旗时，先将旗升至杆顶，然后

再下降。也有的国家不降半旗，而是在国旗上方挂黑纱致哀。升降国旗时，服装要整齐，要立正，脱帽，并行注目礼，不能使用破损和污损的国旗。国旗一定要升至杆顶。

2．悬挂国旗的类型与方法

（1）两面国旗并挂　两面国旗并挂（见图 9-8），以旗本身面向为准，以右为尊。

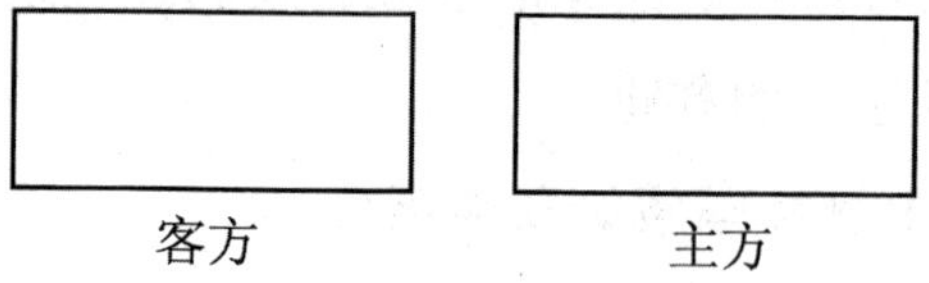

图 9-8　两面国旗并挂

（2）三面以上国旗并挂　多面国旗并挂（见图 9-9），主方在最后。如属国际会议，无主客之分，则按会议规定的礼宾顺序排列。

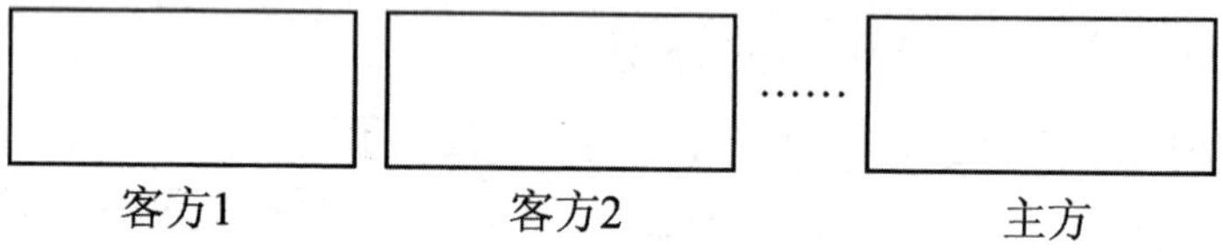

图 9-9　多面国旗并挂

（3）并列悬挂　并列悬挂国旗（见图 9-10），以旗本身面向为准，以右为尊。

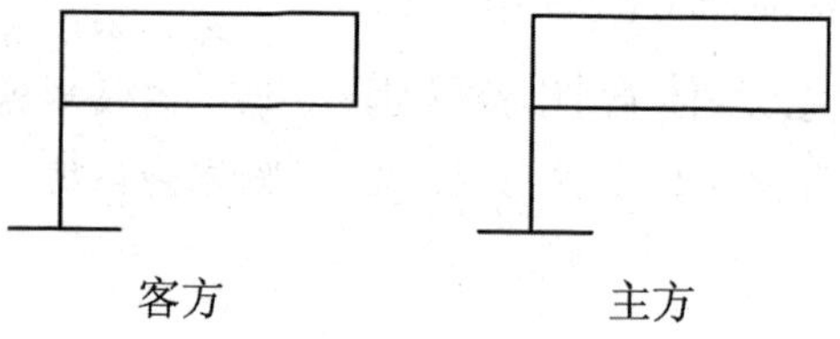

图 9-10　并列悬挂

（4）交叉悬挂　交叉悬挂国旗（见图 9-11），以旗本身面向为准，

以右为尊。

（5）交叉挂　交叉挂国旗（见图 9-12），以旗本身面向为准，以右为尊。

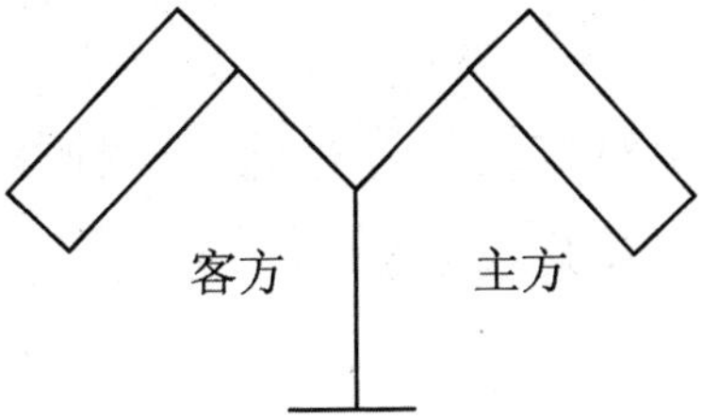

图 9-11　交叉悬挂

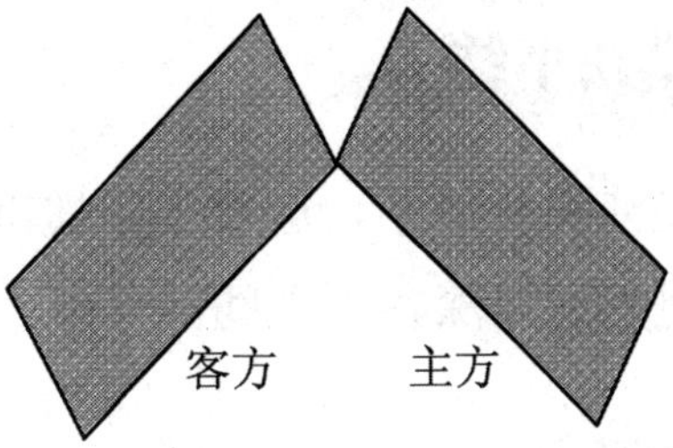

图 9-12　交叉挂

（6）竖挂

1）客方为反面，主方为正面（见图 9-13）。

2）双方均为正面（见图 9-14）。

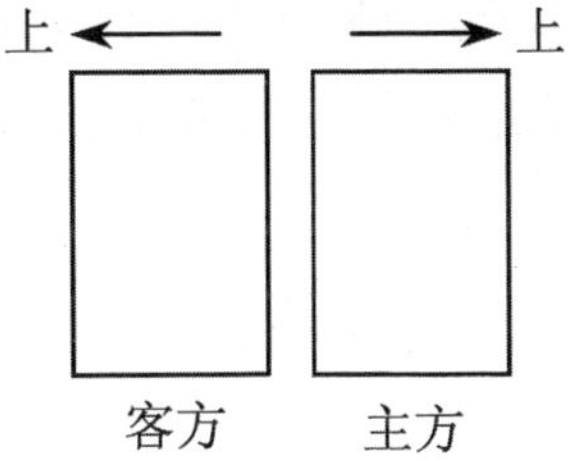

图 9-13　竖挂一

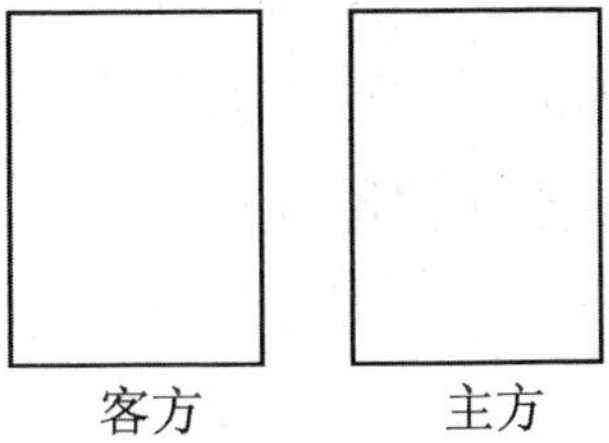

图 9-14　竖挂二

国旗不能倒挂，一些国家的国旗由于文字和图案的原因，也不能竖挂或反挂。有的国家明确规定，竖挂国旗需另制旗，需要将图案转正。例如，竖挂朝鲜国旗时，五角星的星尖依然需要朝上。有的国家则无明确规定。正式场合悬挂国旗宜以正面（即旗套在旗的右方）面向观众，不用反面。如果国旗是挂在墙壁上，则避免交叉挂和竖挂。各国国旗图案、式样、颜色、比例均由本国宪法规定。不同国家的国旗，如果比例

不同，但使用同样尺寸制作，将两面国旗放在一起就会显得大小不一。因此，并排悬挂不同比例的国旗，应将其中一面略放大或缩小，以使国旗的面积大致相同。

模块小结

在涉外交往中，遵循国际惯例是给予对方的一种礼遇和一种尊重，可以更好地加深各国之间的了解、信任与友谊。

体验活动

活动一　课后讨论

1．外国代表团来访，在东道国举行的欢迎宴会上哪国是主人？答谢宴会上哪国是主人？

2．在北京召开的2008年第29届奥运会开幕式上，中国采用了有中国特色的运动员入场顺序，你知道运动员是按什么排序入场的吗？它体现了哪些礼仪原则？

活动二　情境实训

1．分组设计涉外宾客迎送的情节，并进行表演。要求：每组6人，体现出迎送宾客的八个步骤。

2．分组设计涉外签字仪式的情节、场景，并进行表演。要求：每组12人，体现出涉外签字仪式的五个步骤。

3．自己制作包括中国在内的两国国旗，并进行悬挂国旗类型与方法的练习。

知识与拓展

接待外宾住宿礼仪

接待人员在为外宾解决住宿问题时，可采用两种方式：其一，外宾自行解决，接待人员只需为其提供一定的协助，如代为预订，为其提供建议、咨询等；其二，接待人员解决，即接待人员负责解决与外宾住宿相关的一切问题。至于究竟应采用何种方式，通常由宾主双方提前商定。

当由接待人员负责解决外宾的住宿时，主要应当注意如下三个方面。

一、慎重选择住宿地点

根据惯例，目前国内在接待外宾时通常都会将对方安排在条件优越、设备齐全、服务与国际水准接轨的涉外饭店住宿。

在选择适合外宾住宿的涉外饭店时，除了考虑外宾的个人习惯与要求之外，还要注意以下八点。

1）拟请外宾住宿地点的口碑。

2）拟请外宾住宿地点的服务质量。

3）拟请外宾住宿地点的接待能力。

4）拟请外宾住宿地点的周边环境。

5）拟请外宾住宿地点的交通条件。

6）拟请外宾住宿地点的配套设施。

7）拟请外宾住宿地点距接待单位、机场、港口、车站及工作地点路程的远近。

8）接待单位用以安排外宾住宿的经费预算状况。

二、充分尊重外宾的生活习惯

接待人员在为外宾安排住宿地点时，不能自作主张，应当掌握并尊重对方独特的生活习惯，争取做到以下四点。

首先，尽量不安排同性别的外宾共居一室，因为在很多国家里，只有同性恋者才会与同性别的成年人住在一起。

其次，努力为外宾创造出良好的卫生条件。外宾通常都非常重视个人卫生，因此应将其安置在配有浴室和独立卫生间的房间中。

再次，充分保证外宾住处的安静。接待人员为外宾安排的住所应远离噪声源，使其能安静地休息。

最后，保证外宾的休息不被干扰。根据国际惯例，不宜在饭店的客房之内会客，因此尽量不要进入外宾临时下榻的客房，以免干扰对方。

三、细心照顾外宾的生活需要

接待人员在安排外宾住宿时，在力所能及的前提下应对对方体贴入微，尽量满足对方合理的生活需要。

1）就近住宿：若所接待的外宾不止一人，接待人员应尽量安排其在同一饭店、同一楼层或相邻楼层住宿，以便其相互关照或集体行动。

2）主随客便：在照顾外宾的生活时，既要周到热情，又不能大包大揽，限制对方的个人自由，为对方平添麻烦。

3）安排闲暇活动：在不影响外宾个人休息或整体接待计划的前提下，应当在对方的闲暇时间适当为之安排一些文艺、娱乐、健身、游览、购物之类的活动项目。

4）满足合理需要：对于外宾在生活方面所提出的要求，在合理而可能的情况下理当予以满足。

参 考 文 献

[1] 金正昆．经理人礼仪[M]．北京：中国人民大学出版社，2007．

[2] 李莉．实用礼仪教程[M]．2版．北京：中国人民大学出版社，2006．

[3] 林雨荻．跟我学礼仪[M]．北京：北京大学出版社，2006．

[4] 关彤．现代实用交际礼仪[M]．北京：中华工商联合出版社，2007．

[5] 金萍，吕燕．中职生职业礼仪教程[M]．北京：中国财政经济出版社，2007．

[6] 陈玉．礼仪规程教程[M]．2版．北京：高等教育出版社，2005．